Diethard Volker Klann • Der Staat Nous

Für Diana Ferch

Diethard Volker Klann

Der Staat Nous

Utopischer Roman

Mit Illustrationen des Autors

FRIELING

Im *Frieling-Verlag Berlin* erschienen von Diethard Volker Klann bereits folgende Bücher:

Hinein in die Nacht. Gedichte (ISBN 978-3-8280-3036-7)

Die Welt als Ewig-Gleiches und Ewig-Bewegtes. Entwurf einer allgemeinen, zeitlosen Philosophie (ISBN 978-3-8280-3037-4)

Den Kreis durchlaufen ... Gedanken und Aphorismen (ISBN 978-3-8280-3038-1)

Die Erlösung des inneren Kindes. Roman (ISBN 978-3-8280-3151-7)

Die Schreibweise in diesem Buch entspricht den Regeln der alten Rechtschreibung.

Bibliographische Information der Deutschen Nationalbibliothek
Die Deutsche Nationalbibliothek verzeichnet diese Publikation in der Deutschen Nationalbibliographie; detaillierte bibliographische Daten sind im Internet über http://dnb.d-nb.de abrufbar.

Rheinstraße 46, 12161 Berlin
Telefon: 0 30 / 76 69 99-0
www.frieling.de

ISBN 978-3-8280-3152-4
E-Book: ISBN 978-3-8280-3340-5
1. Auflage 2013
Umschlaggestaltung: Michael Reichmuth unter Verwendung einer Illustration des Autors
Illustrationen: Diethard Volker Klann

Printed in Germany

Inhalt

Vorwort des herausgebenden Archäologen Heinrich von Hohenfels

Ich habe die Ehre und Freude, der Öffentlichkeit die Ergebnisse langjähriger Forschungsarbeit vorstellen zu können.

Vor mehr als 20 Jahren begann unser Forschungsteam, südwestlich des Tales von Euphrat und Tigris im heutigen Irak Ausgrabungen vorzunehmen. Wir stießen dabei auf die Überreste einer Zivilisation, die älter als 25 000 Jahre sein muß. Trotz ihres hohen Alters kennzeichnete sie sich durch eine schlechterdings faszinierende Höhe von Kultur, Technik und sozialer Organisation. Als Beispiel hierfür will ich nur anführen, daß sie über große, gut verwaltete Produktionsstätten verfügte, eine durchgängige Infrastruktur besaß und sogar Beförderungsmittel aufwies, die unseren heutigen Automobilen, Zügen und Untergrundbahnen vergleichbar sind.

Wir fanden auch eine große Anzahl von gut erhaltenen Schriften, deren Sprache uns aber zunächst völlig unverständlich blieb. Allmählich jedoch gelang es uns, die Bedeutung einzelner Worte zu erraten. Als erstes entdeckten wir das Wort für „Straße". In der besagten Kultur waren die Straßen nämlich beschildert. Durch die Hausnummern entschlüsselten wir sodann das Zahlensystem und fanden die Worte für „Haus", „Sitz", „Gebäude", „Platz" und ähnliches. Auf diese Weise gelang es uns, unter Zuhilfenahme moderner Computertechnik, nach mehreren Jahren endlich, die uns unbekannte Sprache restlos zu entschlüsseln.

Aus dem hierdurch gewonnenem Material läßt sich eine schier unglaubliche Folgerung ziehen. Diese sehr hohe Kultur ist nicht durch Fremdeinwirkung, sondern durch Selbstzerstörung untergegangen. Es hat also tatsächlich eine Art apokalyptische Katastrophe stattgefunden. Sofern einige Bewohner diese überhaupt überlebt haben, fielen sie danach auf die Stufe primitiver Steinzeitmenschen zurück. Wie dies genau verlief, haben wir bisher noch nicht herausgefunden, hoffen aber, auch das bald der Öffentlichkeit mitteilen zu können.

Die Tatsache, daß die schriftlichen Quellen dieser Kultur so zahlreich

und gut erhalten sind, verdanken wir einem erstaunlichen Umstand: Die damaligen Menschen schrieben auf einem Material, das von seiner Stärke und glatten Oberfläche her unserem Papier vergleichbar ist. Sowohl seine Herstellungsweise als auch seine chemische Beschaffenheit sind bisher noch nicht genau bestimmt worden. Jedenfalls kennzeichnete sich dieses „Papier" durch eine geradezu unübertreffbare Haltbarkeit. Die auf ihm hinterlassenen Schriftzeichen sind fester Bestandteil der glatten Oberfläche geworden und weisen somit ebenfalls kaum Verfallserscheinungen auf.

Das hier vorliegende Buch nun enthält eine Reihe ausgewählter, in unsere Sprache übersetzter Schriften aus der Endzeit der besagten Kultur. Die Texte sind so angeordnet, daß sie auch dem gebildeten Laien mühelos einen Einblick in die wesentlichen Merkmale dieser hohen Zivilisation ermöglichen.

Wir haben dieser Kultur keinen Namen gegeben, sondern denjenigen, den sie für sich selbst gebrauchte, einfach übernommen. Sie heißt „Nous".

Die erste Schrift, die sich wie keine andere vortrefflich zur Einführung eignet, ist die eines Gelehrten. Ich brauche über sie nichts weiter zu sagen, denn Inhalt, Absicht und sogar der Grund für den gut erhaltenen Zustand der Schrift gehen eindeutig aus dem Text selbst hervor. Kürzungen wurden nur so vorgenommen, daß der Zusammenhang des Geschriebenen dadurch nicht beeinträchtigt wurde.

Ich wünsche jedem Leser bei der Lektüre viel Vergnügen und hoffe, daß Sie die Schriften aus Nous genauso spannend, interessant, belehrend und mitreißend finden werden wie ich.

Heinrich von Hohenfels,
Dr. älterer und neuerer Archäologie

Der Gelehrte

Ich, Savan Ignoratars, geboren im Jahre 3531 nach Entdeckung der Beherrschung des Feuers, Doktor universalis der Geisteswissenschaften, Magister der Rechte, Ehrendoktor der Eliteuniversität und Vorsitzender des Bundes der Gelehrten des Staates Nous, bin von der Regierung mit dem Auftrag geehrt worden, die Geschichte unseres Landes zu schreiben. Ein solcher Auftrag ergeht in unserem Staat ungefähr alle 20 Jahre, d. h. einmal pro Generation, und wird stets an einen einzelnen vergeben, der durch seine Verdienste und besonderen Eigenschaften dafür geeignet erscheint.

Eigentlich wundere ich mich sehr, daß ausgerechnet ich der dazu Auserwählte der gegenwärtigen Geschichtsgeneration bin. Es wäre doch sinnvoller gewesen, diesen Auftrag an einen Politiker zu vergeben. Wir Gelehrten nämlich stehen ein wenig abseits vom öffentlichen Leben. Unser Arbeitsplatz ist die Studierstube und nicht das Haus der Regierung, wo Geschichte gemacht wird.

Einen persönlichen Grund jedoch weiß ich – und ich will diesen nicht verschweigen, sondern gleich zu Anfang nennen –, weswegen doch gerade ich besonders geeignet bin, die Geschichte meiner Generation zu schreiben: Ich leide an einer unheilbaren Krankheit der Lungen, die schon in nicht allzu ferner Zukunft meinen Tod herbeiführen wird. Somit bin ich im Besitz uneingeschränkter Freiheit, kann alles ohne Angst vor Strafe wahrheitsgetreu niederschreiben und brauche keine staatliche Zensurbehörde zu fürchten. Eigentlich ist es gar nicht sicher, ob es eine solche auch wirklich gibt. Aber schon die bloße Möglichkeit des Vorhandenseins einer derartigen Einrichtung raubt einem die nötige Ruhe und Objektivität, die Voraussetzung aller wahren Geschichtsschreibung ist.

Dem üblichen Verfahren gemäß werden die Papiere eines jeden Geschichtsschreibers in eine Röhre aus gänzlich rost- und verfallsfreiem Metall eingeschlossen. Diese Röhre hinterlegen einige vereidigte Beauftragte dann in dem großen Geschichtsmonument auf dem Regierungsplatz unserer Hauptstadt, wo auch schon alle vorangegangenen Röhren untergebracht sind. Das Monument selbst ist ebenfalls aus einem Material, das so gut wie keinen zeitbedingten Verfall kennt. So können in den Jahrtausenden nach uns unsere Nachfahren, wenn sie dies einmal wünschen sollten, unsere Geschichte genau studieren. Die einzelnen Röhren sind mit Nummern und Zeittafeln versehen, so daß jedwede Verwechslung von Epochen ausgeschlossen ist.

Es bleibt nun aber doch die Frage unbeantwortet, weshalb die Regierung gerade mich beauftragt hat, die Geschichte meiner Generation zu schreiben. Von meiner Krankheit, die mich, sofern vielleicht doch eine Zensur stattfinden sollte, vor allen nachteiligen Folgen beschützt, konnte die Regierung doch nichts ahnen. Sie konnte nicht wissen, daß dies mein persönlicher Vorteil vor allen anderen ist und es wohl kaum jemals einen ehrlicheren und wahrheitsverbundeneren Geschichtsschreiber als mich geben wird. Ihre auf mich gefallene Wahl läßt sich von daher also nicht erklären. Zudem muß man bedenken, daß, wenn doch die Regierung von meiner Krankheit wüßte, sie mich gewiß nicht ausgewählt hätte. Was für mich als Geschichtsschreiber ein Vorteil ist, ist nämlich für sie als Regierung ein Nachteil. Sie hat keine Handhabe mehr gegen mich und kann mich nicht zwingen, Dinge, über die geschwiegen werden soll, pflichtgemäß zu beschönigen oder gänzlich unerwähnt zu lassen. Andererseits könnte es aber auch wiederum sein, daß unsere Regierung entgegen den obengenannten Annahmen ebenfalls ein Interesse an wahrheitsgetreuer Geschichtsschreibung hat. Dann hätte sie mit schlechterdings unglaublicher Treffsicherheit in mir wirklich den richtigen Mann gefunden. Der mich behandelnde Arzt ist zwar, gleich allen Männern seines Berufes, zum Schweigen verpflichtet. Jedoch wenn es sich um Angelegenheiten der Regierung handelt, entfällt diese Pflicht. Vielleicht hat ein Gespräch mit meinem Arzt den Ausschlag gegeben, gerade mich mit der Geschichtsschreibung zu beauftragen.

Nun, ob dieses, etwas anderes oder ein reiner Zufall der Grund sind, weswegen die Regierung ausgerechnet mich gewählt hat, bleibt letztlich gegenstandslos. Ich soll unsere Geschichte niederschreiben, und ich werde dies so gut tun, als es mir möglich ist. In früheren Zeiten, glaube ich, standen die Gelehrten noch mehr im öffentlichen Leben, als dies heut zutage der Fall ist. Ich entschuldige mich daher schon im voraus dafür, daß große Teile meines Berichtes nicht persönliches Erleben, sondern nur durch theoretisches Studium erworbenes Wissen schildern werden. So will ich denn beginnen.

Wie allgemein bekannt, dreht sich in unserem Staat alles um den mächtigen Turm, an dem wir bauen. Wir wissen, daß, wenn er einst hoch genug ist, wir alle durch ihn in den Himmel eingehen werden. Und diese Hoffnung hält uns aufrecht, wie sehr wir auch unter der Härte dieses Lebens seufzen und ächzen. Wir wissen, daß einst im Himmel immerwährende Glückseligkeit auf uns wartet, und diese feste Überzeugung gibt uns Kraft. Zwar war noch niemand von uns jemals im Himmel, und wir haben daher eigentlich gar keinen Grund zu so sicherer Hoffnung. Doch an irgend etwas muß man schließlich fest glauben können, und so ist es trotz so manchem Anlaß zum Zweifel gerade diese Hoffnung, auf der unsere ganze Gesellschaft aufgebaut ist. „Eines Tages ist alle Mühe vorbei und ausgestanden!“ rufen wir uns zu, und unser Leben nährt sich von diesem Mut und Trost spendenden Satz.

In den ersten Jahren, als die Fundamente des Turmes gelegt wurden, war der ganze Bau noch so überschaubar und wirkte so einfach, daß jeder der Bauenden glaubte, bald im Himmel zu sein. Doch eine Generation ging, die nächste kam, und der gigantische Bau nahm kein Ende. Die Regierung holte folglich stets mehr Arbeiter heran. Sie kamen von fern und immer ferner und brachten die Ihren mit sich. Der Bedarf an Arbeitskräften war schließlich sogar so groß, daß die Regierung ausländische Arbeiter mit anderer Sprache und Kultur ins Land holte. Unser Volk, das gegen alles Fremde mißtrauisch ist, betrachtete diese Maßnahme zunächst mit Widerwillen. Bald aber sahen alle ein, daß die Notwendigkeit, Arbeiter für den Turm in ausreichender Menge zur Verfügung zu haben, hoch über so kleinlichen Bedenken steht. Das Volk fand sich mit den Verhältnissen ab, und so wurde unser Land ein Vielvölkerstaat, in dem sich allerlei Rassen und Sprachen vermischten. Um so viele Arbeiter und ihre Familien ausreichend kleiden, ernähren und unterrichten zu können, war es nötig, Betriebe, landwirtschaftliche Zentren und Schulen zu errichten. Alle diese Einrichtungen wurden durch Straßen miteinander verbunden. Und da

die Zahl der Menschen stets anwuchs, verteilten sich die Bewohner auf eine immer größere Fläche. Dies brachte es mit sich, daß wir schnelle Transportmittel schufen, die dazu dienten, weite Strecken in kurzer Zeit zurücklegen zu können.

Waren zu Beginn alle Arbeiter nur am Turm beschäftigt, fingen nun auch viele an, ihr Leben auf andere Art zu bestreiten. Da der Staat immer noch anwuchs und endlich unübersehbar groß war, begannen wir schließlich sogar den Turm – um dessentwillen wir uns doch zusammengefunden hatten – mehr und mehr zu vernachlässigen. Der tägliche Lebenskampf und die Alltagssorgen schienen jedem einzelnen bald so wichtig, daß für den Turm selbst gar keine Zeit mehr blieb.

Ich selber habe den Turm noch nie gesehen, und ich kenne auch niemanden, der ihn je gesehen hätte. Es ist daher auch gut möglich, daß gegenwärtig gar nicht mehr an ihm gebaut wird und die Regierung die Arbeit an ihm so lange ruhen läßt, bis die Zeiten wieder günstiger werden.

Man kann ihr des Versäumnisses wegen keinen Vorwurf machen, da ihr andere Dinge, vor allem die Frage der allgemeinen Sicherheit, gegenwärtig mehr am Herzen liegen. Schon seit langem leben wir mit unserem Nachbarstaat in ständiger Feindschaft. Um uns vor ihm zu beschützen, verwenden wir die Hälfte unserer Kraft nur darauf, Waffen zu unserem Schutz bereitzustellen. Wenn man bedenkt, wie hart unser Leben schon allein durch sich selbst ist, wird man leicht einsehen, daß unter diesen Umständen für den eigentlichen Turmbau keine Zeit und Kraft mehr übrigbleibt.

Die heftige Todfeindschaft mit dem Nachbarland hat einen weltanschaulichen Grund. Das Nachbarland baut nämlich wie wir auch an einem Turm. Bloß geht ihr Turm in die falsche Richtung und führt nicht in den Himmel, sondern in die Hölle. Wie sollten wir mit so frevelhaften Menschen nicht in Todfeindschaft leben? Und damit nicht genug! Unsere Feinde sind so kühn zu behaupten, daß ihr Turm der richtige sei und der unsere in die Hölle führe. Unter dem Vorwand, sich vor uns beschützen zu müssen, verwenden auch sie die Hälfte ihrer Kraft nur dazu, Waffen zu ihrem Schutz zu bauen.

Beklagt sich in unserem Lande jemand, daß unser Turmbau nicht schnell genug vorangeht, oder äußert sonst eine diesbezügliche Kritik, pflegen die Leute zu sagen: „Geh doch ins Nachbarland zu unseren Feinden. Dort ist alles schon so, wie du es verlangst. Dort ist der Turm, nach dem du dich sehnst. Geh doch dorthin, wenn es dir hier nicht gefällt." Und hört ein frecher Kritiker dann diese Sätze, verstummt er freilich sofort und schämt sich.

Ich als Gelehrter betrachte diese ganzen Dinge etwas neutraler und objektiver. Zunächst einmal hat gleich dem Himmel noch kein Mensch bisher jemals die Hölle gesehen. Wir stellen sie uns als ein schreckliches, riesiges Reich des Feuers vor, in das jeder muß, der sich erdreistet, heimlich in Gedanken gegen unseren Turmbau zu sein. Offen und nach außen hin würde dies ohnehin niemand wagen. Weiterhin ist es sehr schwer, in das Nachbarland zu gelangen. Die Grenze ist befestigt und wird militärisch überwacht. Hinein kommt man nur mit Sondergenehmigung, und wer setzt sich schon gerne den damit verbundenen Schikanen aus? Und wozu auch? Nur um einen Turm in falscher Richtung zu sehen? Ich muß also leider doch zugeben, daß ich von unseren Feinden, ihrem Land, ihrem Turm und ihren Waffen nur vom Hörensagen weiß. Eigentlich hat niemand von diesem anderen Staat genaue Kenntnis, und ein Freund fragte mich sogar schon einmal, ob diese ganze Angelegenheit nicht auf einem Irrtum beruhe und dieses Nachbarland mit dem verkehrten Turm vielleicht überhaupt nicht existiere. Eine solche Annahme führt natürlich zu weit, aber ich kann verstehen, wie es dazu kommen konnte. Da es kaum möglich ist, in das Feindesland zu reisen, gibt es eben keine Informationen aus erster Hand, was naturgemäß zu allerlei Spekulationen führt. Ich vermag also, gleich jedem anderen, nur das wenige darüber zu berichten, was ohnehin alle wissen.

Als nächstes ist es gewiß von zentraler Wichtigkeit, daß ich unsere Regierung beschreibe. Wir werfen nämlich dem Nachbarland im speziellen vor, daß es in ihm keine Freiheit gebe. Das leuchtet auch ein, denn wie könnten in einem Land, dessen Turm nicht in den Himmel, sondern in die Hölle gebaut wird, andere Menschen als reine Sklaven leben? Ich würde die Tatsache, daß wir unter unserer Regierung frei sind, nun gerne durch eine Anzahl Fakten erhärten. Doch das ist deswegen so schwierig, weil ich – zu meiner Schande gestehe ich es – von unserer Regierung kaum etwas sicher weiß.

Natürlich kenne ich unsere Verfassung in all ihren Einzelheiten. Ich könnte sie ohne Schwierigkeiten auswendig hersagen. Darauf aber kommt es nicht an. Schließlich wird die Verfassung an allen Schulen unterrichtet, und jedes Kind kennt sie. Es wäre lächerlich, wenn ich sie hier nochmals niederschriebe. Eine solche Trivialität gehört gewiß nicht zu meinen Aufgaben.

Jedoch ist es meine Pflicht als Geschichtsschreiber, klar anzugeben, wer in unserem Staat herrscht. Das aber weiß scheinbar niemand. Die Leute und auch wir Gelehrten streiten uns zwar viel darüber, aber diese ganze Debatte ist insofern sinnlos, als sie nie zu einem Ergebnis führen wird.

Die einen sagen, unser Staat werde von einem großen, fernen, mächtigen Land beherrscht. Einst wurden unsere Vorfahren vor langer Zeit von ihm im Krieg besiegt, und seit diesem Ereignis sind wir dem besagten Land untergeben. Nur merke dies niemand mehr, weil unsere ausländischen Herren gut zu uns seien und die meiste Verwaltungsarbeit inländischen Beamten überlassen hätten.

Andere wieder sagen, daß die Menschen, die das meiste Geld hätten, uns beherrschten. (Die Frage, ob diese In- oder Ausländer seien, bleibt hierbei offen.) Sie hielten die Macht in Händen und seien für die Regierungsmaßnahmen verantwortlich.

Die Dritten sagen, eine kleine Gruppe aus Reichen, Gelehrten und Generälen beherrsche unser Land.

Allen diesen bisher genannten Meinungen ist gemeinsam, daß nach ihnen die Personen, die in der Öffentlichkeit als Regierende zutage treten, nur gekaufte Marionetten der eigentlichen Machthaber sind. Diese letzteren hingegen bleiben im Verborgenen.

Die vierte und wohl landläufigste Meinung (sie wird besonders vom einfachen Volk vertreten) ist die, daß es in unserem Lande mehrere ideologisch gebundene Parteien gebe. Diese sind je nach Mode und Zeitgeschmack untereinander verfeindet oder befreundet. Alle vier Jahre finden öffentliche Wahlen statt. Die einzelnen Parteien erhalten hierbei mehr oder weniger Stimmen und die Partei oder Koalition, die die meisten Stimmen erhält, regiert dann unser Land.

Bereits die Einfachheit und Naivität dieser Ansicht verrät, daß sie die des Volkes ist. Ich will damit aber nicht von vornherein behaupten, daß sie deswegen unbedingt falsch sein muß. Nur knüpft sich auch an diese Meinung eine Reihe von schier unbeantwortbaren Fragen.

Zunächst sollte man doch einmal etwas Genaueres über die obengenannten Wahlen in Erfahrung bringen. Die einen sagen, daß in dem Zentrum, wo die Stimmen ausgezählt werden, ohnedies alle Beamten bestochen seien. Der Öffentlichkeit teilen sie dann die ihnen von ihren Geldgebern angeordneten Stimmenzahlen mit.

Andere sagen, daß in dem Zentrum, wo man die Stimmen auszählt, nicht betrogen werde. Unsere Machthaber aber, die das ganze System der öffentlichen Meinung beherrschen und kontrollieren, manipulierten das leicht zu beeinflussende und zu steuernde einfache Volk in die ihnen genehme Richtung. Bei der Wahl wird dann automatisch die Partei gewählt, die vorher am meisten öffentlich gelobt wurde.

Dritte wiederum sagen (und zu dieser Gruppe gehöre auch ich), daß die Wahlen ohnehin umsonst und sinnlos seien, da doch alle Parteien gleich wären. Alle sind sich darin einig, daß der Turmbau über allem steht und daß er einst bis in den Himmel reichen muß. Das ist das einzig Entscheidende. Ist man sich hierin einig, ist man bereits gleich. Und all dieses Hinweisen auf die sonstigen, rundweg nebensächlichen Unterschiede ist doch wirklich lächerlich.

Sosehr ich dies also auch selbst bedauere, werde ich die Frage, wer in unserem Land eigentlich die Macht in Händen habe, unbeantwortet lassen müssen. Ich selber bin überzeugt, daß niemand weiß, wer eigentlich herrscht; die Herrschenden selbst mit eingerechnet. Ich glaube, daß jeder Staatssekretär den anderen einmal für seinen Auftraggeber und dann wieder für seinen Untergebenen hält. Somit gibt man sich gegenseitig Befehle, einer mißtraut dem anderen, und irgendwie wird der Staat dann letztlich doch verwaltet.

Es ist ja auch nicht so, daß die staatlichen Autoritäten bei uns im eigentlichen Sinne regieren. Nein, sie regieren nicht, sondern sie reagieren nur. Nie wird ein Problem, solange es sich bildet, schon im Entstehen erkannt. So etwas existiert bei uns einfach nicht. Erst wenn es brennt, löschen wir.

Vorsorge ist uns unbekannt. Daher ist es auch gleichgültig, wer letztlich die Macht in Händen hält. Es geht ja doch alles seinen geregelten, von den äußeren Umständen diktierten Gang.

Weiß ich aber auch nichts von der Regierung selbst, vermag ich doch wohl über ihre oberste Aufgabe zu berichten. Der Turmbau steht bei uns über allem anderen, und es leuchtet ein, daß nur disziplinierte Menschen, denen geregelte Arbeit und geregeltes Leben eine Selbstverständlichkeit sind, den Anforderungen dieser Aufgabe gerecht werden. Das oberste Ziel der Regierung also ist die Erziehung des Bürgers. Sie kann nicht früh genug beginnen, denn der Mensch ist von Natur aus böse, und beginnt man nicht gleich in frühester Kindheit mit der richtigen Formung, wird man später schwer zu dem erstrebten Ziel gelangen. Aber auch bei einem so frühen Beginn (der in jeder Familie unseres Landes selbstverständlich ist) kann für den Erfolg immer noch keine letztendliche Garantie übernommen werden. Nein, der Mensch muß auch weiterhin in all seinen Lebensabschnitten überwacht und gelenkt werden.

Die Reihenfolge ist dabei grundsätzlich für alle dieselbe: Die ersten sechs Jahre tragen Eltern und Familie allein die schwere Aufgabe der Formung des zukünftigen Menschen. Dann wird dieser Primärinstitution ein großer Teil ihrer Verantwortung durch einige Jahre Grundschule abgenommen. Ist der Mensch dann noch kein guter Staatsbürger, schicken wir ihn auf die nächsthöhere Schule und immer so fort. Ist er dann noch zu unkontrolliert und naturverbunden, schicken wir ihn auf unsere Universitäten. Und reicht auch das dann noch nicht aus – was bei der Qualität unserer Pädagogik freilich kaum vorkommt –, weisen wir ihm einen Arbeitsplatz zu. Und sollte wider alles Erwarten auch das noch nicht zum Ziel geführt haben (es sträubt sich förmlich etwas in mir dagegen, diese verachtenswerten Individuen überhaupt zu erwähnen), schicken wir die Betreffenden in eines unserer Irrenhäuser. Dort gibt es geregelte Arbeitsgruppen, die in der denkbar geeignetsten Weise Liebe zu Ordnung und Disziplin ein für allemal unaustilgbar in die Herzen der vorher Unverbesserlichen einpflanzen. Da unsere Irrenhäuser in letzter Zeit aus unverständlichen Gründen immer voller werden, hat man sich entschlossen, ihre Programme zu verbessern und wirkungsvoller zu gestalten. Man nennt sie auch nicht mehr

Irrenhäuser (dieser Name gilt seit neuestem als unschicklich), sondern sie heißen jetzt „Psychiatrische Landeskrankenhäuser".

Nachdem ich nun schon beschrieben habe, welche Institutionen in welcher Reihenfolge die Erziehung unserer Bürger vorantreiben, möchte ich alsdann auf die Erziehung selbst und ihre Mittel eingehen.

Zunächst muß man sich vor Augen halten, daß das Ziel aller Erziehung die Erzeugung guter Staatsbürger ist. Zur Erreichung dieses Ideals muß der Mensch von allem, was Unordnung in sein Leben bringen könnte, ferngehalten werden. Alle Wurzeln, die bei seiner Geburt noch in der bösen Natur verankert sind, müssen durchtrennt werden. Dabei spielt zunächst die unmittelbare Umwelt eine maßgebliche Rolle. In der Natur gibt es keinen rechten Winkel, und alles Licht kommt von Gestirnen, dem Feuer oder Blitzen. Daher verwenden wir zum Bauen unserer Städte grundsätzlich keinen anderen als den rechten Winkel und beleuchten Häuser und Straßen pausenlos mit künstlichem Licht. Der Mensch ist somit schon durch seine bloße Umwelt radikal der Natur entwurzelt, und so ist wie von selbst der nötige Rahmen für seine Formung zum guten Staatsbürger von allem Anfang an geschaffen. Diese List möglichst zu tarnen (ein guter Erzieher muß für den Zögling immer unsichtbar sein), haben wir in den Städten da und dort einige künstliche Bäume aus verfallfreiem Material aufgestellt. Dadurch sieht es für den Bürger so aus, als wünschten wir eine Nähe zur Natur, obwohl doch das glatte Gegenteil der Fall ist. Außerdem haben die Hunde unserer Bürger somit einen Platz zum Pinkeln, was die Gehwege sauber hält.

Der nächste und vielleicht wichtigste Punkt im Erziehungsprogramm ist, die Menschen nicht ausreichend schlafen zu lassen. Laut Gesetz beginnt die Arbeit im ganzen Land um acht Uhr morgens. Die Bürger müssen, da der Weg zum Arbeitsplatz einige Zeit in Anspruch nimmt, spätestens um sieben Uhr oder häufig noch vorher aufstehen. Das ist natürlich für die meisten viel zu früh (in den Wintermonaten ist es um diese Zeit sogar noch dunkel), und somit verleben die Menschen den ganzen darauf folgenden Tag in einer Art Schlaftrunkenheit. Die wenigen, die über ein munteres Naturell verfügen und für die sieben Uhr zum Aufstehen nicht zu früh ist, verfallen, umgeben von so vielen Schlaftrunkenen, ebenfalls durch den bloßen Anblick der übrigen Bürger in eine Art Dämmerzustand. Somit ist jeder gut auf die zu verrichtenden Arbeiten vorbereitet.

Im allgemeinen arbeitet jeder Bürger acht Stunden am Tag. Die nach den ersten vier Stunden eingeschobene Mittagspause beträgt zwei Stunden. Da die Arbeit sehr anstrengt, versteht es sich von selbst, daß der Bürger die ganze ihm verbleibende Freizeit zur Regeneration seiner Kraft verwendet. Bei der Arbeit verhält sich der Bürger also diszipliniert, und in der Freizeit verhält er sich ebenfalls diszipliniert, weil er gearbeitet hat. Ich glaube, daß jedermann die Genialität dieser Pädagogik spontan anerkennt.

Um es dem Bürger zu erleichtern, zur vorgeschriebenen Stunde aufzuwachen, stellt der Staat kleine Apparate her, die, wenn man sie darauf einstellt, am Morgen eine Art aggressives Drohen von sich geben. Wie sehr unsere Bürger sich freiwillig den disziplinären Notwendigkeiten unterziehen, sieht man daran, daß sich jeder einzelne von ihnen einen oder mehrere solcher Apparate angeschafft hat. Das Volk nennt diese kleinen Maschinen „Wecker“. An dieser Namensgebung erkennt man, wie sehr sich die Bürger ihre Aufgaben durch Verdrehung der Tatsachen leicht machen. Natürlich ist „Wecker“ ein ganz unzutreffender Name. Es sind nämlich die Bürger, die diese Maschinen beherrschen, und nicht umgekehrt. Sie selbst stellen sie ja jeden Abend vor dem Zubettgehen auf etwa sieben Uhr morgens ein. Daraus folgt, daß sich der Bürger selbst weckt und nicht von einem sogenannten „Wecker“ am Schlafen gehindert wird. Die Dinge aber so zu verdrehen, zeigt, wie sehr das Volk bereit ist, sich der von uns verordneten Disziplin zu unterwerfen. Die Bürger sagen „Der Wecker weckt mich“, und machen sich auf diese Art selbst weis, daß sie Opfer der Wecker seien. In Wirklichkeit sind sie natürlich Opfer ihrer selbst, denn – wie gesagt – sie selbst sind ja diejenigen, die die Wecker stellen.

Die Klugheit dieser Selbsttäuschung geht jedoch noch weiter. Rasselt der Wecker am Morgen, wird er auch tatsächlich wie ein böser Störenfried behandelt. Mit einem Schlag auf den Kopf bringen ihn die Bürger zum Schweigen. Somit wird alle destruktive Aggression auf den unschuldigen Apparat gelenkt und an ihm abreagiert. Den ganzen übrigen Tag über ist der Bürger dadurch ausgeglichen und friedlich. Der Staat, der das frühe Aufstehen verordnet, wird geehrt und der Wecker als Sündenbock für den

Schlafmangel mißhandelt. Ich weiß, daß ein solches Verhalten kindisch ist. Aber wir sind Pragmatiker. Wir fragen nicht so sehr danach, ob etwas reif und intelligent ist. Was zählt, ist einzig, daß eine betreffende Sache funktioniert. Und diese Bedingung ist bei unseren Bürgern und ihrem Verhältnis zu den „Weckern" wahrhaft erfüllt.

Weiterhin ist es für den Arbeitsprozeß wichtig, daß die Menschen nie allein sind. Gemeinschaft schafft Sicherheit. Zudem dient das korrekte Verhalten des einen dann immer gleich als gutes Vorbild für den anderen. Diese Gemeinschaftsbildung vollzieht sich jeden Morgen vor und jeden Abend nach der Arbeit auf zweierlei Weise:

Ein Teil der Bürger gelangt im eigenen Fahrzeug zur Arbeit. Da die Zahl der Arbeiter und somit auch der Fahrzeuge sehr hoch ist, reicht der verfügbare Platz auf den Straßen nicht mehr aus, um sich frei vorwärtszubewegen. Ein Fahrzeug steht bald dichtgedrängt hinter und neben dem anderen. Dies gibt jedem das stolze Gefühl, Mitglied in einer großen Gemeinschaft zu sein. Folglich erreichen die Menschen, die diese Art der Beförderung wählen, bereits erfüllt von einer gewissen Begeisterung den Arbeitsplatz.

Die zweite Art der Gemeinschaftsbildung wird durch unsere öffentlichen Verkehrsmittel erreicht. Sie ist fast noch vollkommener als die erste. Besonders in den Untergrundbahnen geben sich die Menschen gegenseitig sogar Rippenstöße, da jeder der erste sein will, der einsteigt. Die Begeisterung für die hehre Idee der Arbeit ist bei den Menschen, die diese Art der Beförderung wählen, fast noch größer als bei den weiter oben Genannten. Dicht aneinandergedrängt, vermittelt auch hier einer dem anderen die erhebende Empfindung, Teil eines großen Ganzen zu sein.

Ich habe es schon erwähnt, und ich wiederhole es noch einmal: Man kann sich nicht vorstellen, wie außerordentlich positiv sich bei alledem die Rolle des guten Vorbilds auswirkt, das einer dem anderen ganz automatisch gibt. Besonders unsere Kinder haben Gelegenheit, die Erwachsenen zu bewundern und von ihrem zweckmäßigen Verhalten zu lernen. Da jedermann sich in einer Art Halbschlaf befindet, wird niemand durch unnütze Nebengedanken aufgehalten, kein Schritt geht daneben, und alles ist fehlerfrei und perfekt zielgerichtet.

Das Problem der sogenannten Nebengedanken hat der Regierung früher viel Kopfzerbrechen bereitet. Zur Beseitigung dieser Gefahrenquelle kam sie auf folgenden Einfall: Man leitete in alle öffentlichen Gebäude und Produktionsstätten ein denkhemmendes Betäubungsgas. Die durch den Schlafmangel dazu nur allzu bereiten Menschen setzten sich gerne der Wirkung dieses Gases aus. Unsere Fahrzeuge wurden dann ebenfalls mit einem Treibstoff betrieben, der bei seiner Verbrennung genau dasselbe Betäubungsgas ausstieß. So wurde quasi überall und jederzeit das Gas verpufft, und es war dafür gesorgt, daß die Menschen keine schädlichen Gedanken hatten.

Unsere Bürger gewöhnten sich phasenweise so sehr an dieses Gas, daß wir sie am Abend nach der Arbeit, um ihnen eine Wohltat zu erweisen, ganz narkotisierten. In den Produktionshallen fielen dann bei Arbeitsschluß aus der Decke Atemmasken, durch die das Gas in reiner Form geleitet wurde. Auf Kommando setzte jeder so eine Maske auf. Bis zum Eintritt der Wirkung dauerte es genau sieben Sekunden. Alle zählten langsam und gleichmäßig von eins bis sieben, und bei der letzten Zahl fiel dann jeder in Narkose. Dieses laute Zählen hatte freilich auch noch einen anderen Grund. Die Betroffenen waren dadurch gezwungen, normal zu atmen. Dies war eine Art Vorsichtsmaßregel, um zu verhindern, daß ein besonders hinterhältiger Mensch nicht etwa einfach sieben Sekunden lang die Luft anhielt und sich dann nur heimtückisch schlafend stellte. Aber eigentlich war eine solche Maßnahme doch auch wieder völlig überflüssig. Ermüdet von Schlafmangel und Arbeit, war jeder Bürger zwangsläufig froh, wenn er, das Gas einatmend, von eins bis sieben zählen konnte. Welchem vernünftigen Menschen wäre es denn auch nur in den Sinn gekommen, sich davor zu drücken? Damals gab es im Volk eine Redensart, wenn einen etwas sehr beeindruckte oder überraschte. Man sagte dann: „Das haut einen um wie die gashaltige Sieben." Auch an diesem gängigen Ausspruch sieht man erneut, wie einfallsreich unser Volk ist und für alles richtige, zweckmäßige Worte findet.

Diese Betäubungsgaspädagogik wurde jedoch schon vor etwa 20 Jahren wieder stark reduziert und an vielen Stellen sogar abgeschafft. Der Grund hierfür war vor allem der, daß wir einfach übertrieben hatten. Die Leute schliefen endlich sogar bei der Arbeit selbst. Das führte zu einer ganzen Serie von unangenehmen Zwischen- und Unfällen.

Wir begannen also einen neuen Treibstoff für die Fahrzeuge zu verwenden und ordneten an, daß jeder sein Betäubungsgerät in besonders dafür vorgesehene riesige Kästen werfen sollte. Dieses ganze Programm nannten wir „Umweltschutz". Das Wegwerfen war natürlich aus Gründen der Nachtruhe nach zehn Uhr abends nicht mehr zulässig. Es hatte sich nun aber bereits aus so zahlreichen Quellen so viel Gas in der Atmosphäre verteilt, daß eine gewisse, aus der Luft kommende, betäubende Wirkung nie mehr ganz verging und bis zum heutigen Tage noch anhält. Dies geht jedoch nicht mehr so weit, daß das zu irgendwelchen Unregelmäßigkeiten führt. Eine latente, dauerhafte, gesunde Halbnarkose kann eigentlich als das Ideal eines gut funktionierenden Bewußtseinszustandes gelten.

Man mag hier einwenden, daß dies alles doch einen Widerspruch in sich trage. Einerseits raubt man dem Bürger den Schlaf und preist dies als gute Sache. Andererseits aber schläfert man ihn dann wieder ein und verschafft ihm somit das, woran man ihn vorher gehindert hatte. Dieser Widerspruch ist aber nur ein scheinbarer, und ich werde ihn sofort auflösen. Unser Feind ist alles, was von der bösen Natur des Menschen und nicht vom Staat herrührt. Der sogenannte „natürliche" Schlaf ist also in der Tat abzulehnen, während der vom Staat verordnete Schlaf selbstverständlich ein Segen ist und jedermann Gutes bringt. So also löst sich der scheinbare Widerspruch auf.

Zum Thema der starken Reduzierung der Betäubungsgase ist noch zu bemerken, daß ich mich selbst damals als Gelehrter für deren Beschränkung einsetzte. Dies rührt daher, daß ich durch soziale Untersuchungen entdeckt hatte, daß Erziehung immer noch die besten Staatsbürger hervorbringt und selbst die fortschrittlichste Narkosemethode hier nicht mithalten kann. Und zwar fand ich statistisch heraus, daß die besten Staatsbürger vom Lande kommen. Da fast alle Menschen in der Stadt wohnen, gibt es von ihnen nur noch wenige. Es sind aber doch genug, um Forschungen an ihnen anstellen zu können.

Zuerst konnte ich das Untersuchungsergebnis kaum glauben. Ausgerechnet vom Lande, wo das wenigste Betäubungsgas in der Atmosphäre ist, kommen die wertvollsten und staatserhaltendsten Bürger. Sie sind durchschnittlich viel disziplinierter und fleißiger als die Städter. In unserem Heer stellen sie die gewalttätigsten und gehorsamsten Soldaten.

Ich ging der Sache nach und enthüllte schließlich das Rätsel. Die Eltern auf dem Lande haben natürlich gleich allen Eltern das Ziel, in ihren Kindern gute Staatsbürger großzuziehen. Sie wissen aber, daß sie den Stadtbewohnern gegenüber im Nachteil sind, weil auf dem Lande weniger Betäubungsgas in der Luft ist. Um diesen Mangel auszugleichen, verwenden sie besonders viel Zeit auf die Erziehung der Kinder. Anders als in der Stadt wissen die Kleinen hier noch, was sich gehört, ehren den Priester und verstehen es, höflich zu grüßen.

Dieses Untersuchungsergebnis belehrte mich nochmals darüber, daß Erziehung eben über allem steht. Statt unnütz Zeit und Geld für soviel Gas auszugeben, sollte man lieber die Erziehung noch zusätzlich perfektionieren, das würde die Bürger auf Dauer mehr am Denken hindern, als dies tausend Gasnarkosen tun könnten.

Ganz jedoch haben wir den Gaseinsatz noch nicht abgeschafft, und auch ich will in meiner Ablehnung bestimmt nicht soweit gehen, das ernsthaft zu verlangen. Besonders in der Zeit nach der Arbeit und vor dem Zubettgehen muß die Betäubung als wirksames Mittel zur Verhaltenskontrolle in Verwendung bleiben. Die meisten Menschen sind während dieses Tagesabschnitts so froh, das Leben nun ein wenig unbeschwert genießen zu können, daß sie diese Zeit gerne ausdehnen würden. Das ist uns sehr willkommen, denn so haben sie keine Neigung, schlafen zu gehen, bleiben lange auf und sind infolgedessen am nächsten Morgen nicht ausgeschlafen.

Um diese schon ganz von selbst bestehende Tendenz des Bürgers noch zu verstärken, unterhalten wir ihn in dieser Zeit mit allerlei spannender Kurzweil. Diese hat neben ihrer dem Schlaf vorbeugenden Wirkung noch zwei weitere Funktionen: Erstens werden die Bürger durch ihr triviales Niveau am Denken gehindert. Und zweitens werden die Menschen, die von der Arbeit her ohnehin zu müde zum Denken sind, auf eine ihrer Denkunfähigkeit entsprechende Weise unterhalten. Wir verfügen in unserem Staat sogar über riesige Kurzweil-Säle, die sogenannten „Kinos". In sie leiten wir während der dortigen Vorführungen allerlei denkhemmende Gase, was zu einem angenehmen Betäubungszustand führt, der – wie gesagt – zum Ideal eines guten Staatsbürgers zwangsläufig dazugehört.

Eine der für alles Gemeinwesen wohl gefährlichsten Eigenarten der bösen menschlichen Natur ist seine Neigung, sich mit anderen Wesen seiner Art untrennbar zu verketten. Es gab in der Tat früher einmal (und von Angst erfüllt argwöhne ich, daß so etwas sogar gelegentlich noch heute vorkommt) ganze Familien, in denen einer den anderen achtete und liebte. Solche Familien bildeten dann eine Art Einheit und sozusagen einen bedrohlichen kleinen Miniaturstaat in unserem großen Staat. Ich will an dieser Stelle – bevor ich mit jenem Problem fortfahre – gleich einem Mißverständnis vorbeugen. Natürlich betrachten wir die Familie als Keimzelle des Staates. Ohne eine gute, schon in frühester Kindheit einsetzende Erziehung ist ein guter Staatsbürger ganz undenkbar, und die Regierung weiß, wie sehr sie den Eltern – und gerade ihnen – hierin zu Dank verpflichtet sein muß. Sie legen den ersten Keim des Guten in jeden Menschen, und wenn das Kind dann später in unsere staatlichen Schulen kommt, ist das Ärgste seiner bösen Natur bereits gebrochen, so daß unsere Lehrer ihre Arbeit am Schüler nicht bei der Stufe Null eines Barbaren beginnen müssen. Nein, schon im zarten, frühesten Schulalter zeigen sich die Kleinen geneigt, mit Freuden gute Lehre anzunehmen. Das ist, wie gesagt, alleiniges Verdienst der guten elterlichen Erziehung.

Diese auf der Familie aufbauende Grundstruktur des Staates bietet sich auch wie von selbst an. Um neue Menschen in die Welt zu setzen, bedarf es des Zusammenschlusses von Mann und Frau. Was ist nun naheliegender, als diese beiden gleich zusammen zu belassen, damit sie die Menschen, deren Dasein sie verursacht haben, auch gleich selbst noch aufziehen?

Es kann also gar kein Zweifel daran bestehen, daß die Familie die Grundgemeinschaft unseres Staates ist und bleiben wird. Immer aber, wenn Menschen eng zusammen sind, besteht die Gefahr, daß das Böse ihrer Natur zum Ausbruch gelangt. Auch eine Familie kann rein theoretisch in dieser Richtung entarten. Ihre einzige und alleinige Aufgabe besteht, wie erörtert, darin, gute Staatsbürger hervorzubringen. Nun gibt es aber tatsächlich – so erschreckend dies klingt – Familien, die eine Tendenz haben, Menschenketten anstatt guter Staatsbürger hervorzubringen. Einer liebt den anderen, einer achtet den anderen, einer versteht den anderen, und jeder will gerne mit dem anderen zusammensein. Diese krankhafte Erscheinung und bedrohliche Entartung der Familie gehört wohl zu den größten Gefahren für unser Gemeinwesen.

Wir Gelehrten haben daher im Auftrag der Regierung schon vor langer Zeit ein Forschungsprogramm in Angriff genommen, die Ursachen dieses Übels gänzlich aufzudecken. Bis heute forschen wir noch daran und gelangten immer noch nicht zu einem eindeutigen Ergebnis. Eine Sache jedoch haben wir mit Sicherheit herausgefunden. Sie stellt in bezug auf dieses Problem zweifellos einen sehr wichtigen Anhaltspunkt dar.

Die böse Natur des Menschen will es, daß er, sobald die Geschlechtsreife bei ihm eintritt, mit einem Vertreter des anderen Geschlechts ein Verhältnis pflegt, das eine reife, rundum befriedigende Genitalsexualität aufweist. Wir Gelehrten fanden nun heraus, daß jede staatsfeindliche Verbindung zwischen Mann und Frau sich durch diese Form der Sexualität kennzeichnet. Wir wissen hierbei bis jetzt nicht, ob in diesem Punkt sozusagen zuerst der Vogel oder zuerst das Ei war. Das heißt, es ist bis heute fraglich, ob eine staatsfeindliche, zweigeschlechtliche Beziehung grundsätzlich eine reife Genitalsexualität aufweist oder ob das Vorhandensein einer reifen Genitalsexualität eine staatsfeindliche, zweigeschlechtliche Beziehung hervorbringt. Ob nun das erste das zweite oder das zweite das erste bedingt, ist vorerst wohl auch nicht so wichtig zu wissen. Jedenfalls stellt eine reife, rundum befriedigende Genitalsexualität eine der größten Gefahren für unseren Staat dar. All unser Bemühen geht somit dahin, diese mit allen Mitteln zu verhindern.

Ich habe bereits geschildert, daß der Arbeitsprozeß unsere Bürger ermüdet und die staatliche Kurzweil sie in der Freizeit sowohl beschäftigt wie einschläfert. Diese beiden Dinge genügen häufig, jede befriedigende Genitalsexualität von vornherein auszuschalten. Müde und gut unterhaltene Menschen praktizieren keine Sexualität. In den Kinos zeigen wir zudem viel auf Leinwand dargestellte Genitalsexualität. Dies führt bei den Menschen zu der irreführenden Annahme, sie hätten das, was man ihnen gerade vorführte, selbst getan oder zumindest dabei mitgewirkt. All dies ist für die große Zahl unserer Bürger genug, um sie von reifer, befriedigender Genitalsexualität abzuhalten.

Wir geben uns jedoch nicht damit zufrieden und haben noch weitere Sicherheitssperren erfunden. Etwa mit 13 oder 14 Jahren tritt bei unseren Staatsbürgern die Geschlechtsreife ein. Es versteht sich von selbst, daß genau dies das gefährlichste Alter ist. Genau in dieser Zeit ist es wichtig, den Menschen durch unüberwindbare Sperren von der Genitalsexualität abzuhalten.

Die wichtigste, meistpraktizierte und wirksamste Sperre besteht darin, den in diesem Alter schon von Natur aus verunsicherten Menschen klarzumachen, daß sie viel zu häßlich seien, um mit dem anderen Geschlecht in Kontakt treten zu können. Den Mädchen reden wir ein, daß ihre Brüste entweder zu klein oder zu groß und hängend seien. Zudem sei ihre Figur ekelhaft. Die Jungen überzeugen wir, daß ihre Muskeln zu schwach und ihre Penisse zu klein und nicht standfest genug sind. Und endlich beweisen wir den Mitgliedern beider Geschlechter, daß ihre ganze äußere Erscheinung abstoßend wirkt und sich jeder vor dem Schleim, der aus ihren Gesichtspickeln und Sexualorganen rinnt, zutiefst ekelt.

Diese Form der Indoktrination ist sehr erfolgreich. Seit wir sie anwenden, ist es längst nicht mehr nötig, die Eltern anzuweisen, ihre Kinder in diesem Alter zu Hause einzusperren. Nein, man kann sie zu jeder Zeit frei auf den Straßen herumlaufen lassen, da sie sich ja in einem höchst wirksamen, unsichtbaren Gefängnis innerer Unsicherheit befinden. Natürlich haben wir auch noch eine große Zahl anderer Methoden, die das Entstehen befriedigender Genitalsexualität bei Eintritt der Geschlechtsreife verhindern. Sie sind jedoch im Vergleich mit der oben beschriebenen so unbedeutend, daß ich sie hier unerwähnt lasse. Die so geformten jungen Menschen haben – einmal von der Unmöglichkeit, ja Undenkbarkeit befriedigender Genitalsexualität überzeugt – gar keine Möglichkeit mehr, jemals in ihrem Leben einem solchen Gefahrenpunkt auch nur nahezukommen. Jahre später werden die Dreizehnjährigen von heute selber Eltern sein, ihre Sexualität wird über das zur Zeugung nötige Maß nicht hinausgehen, und so werden sie durch Tat und gutes Vorbild ihre Kinder gleich so erziehen, daß diese erst gar nicht auf den Gedanken einer Möglichkeit befriedigender Sexualität kommen können. Auch hier gilt, wie überall in der Erziehung, der Grundsatz: „Ein Genuß, der mir einst versagt blieb, in den sollst du erst recht nicht kommen." Kinder bewundern und idealisieren ihre Eltern grundsätzlich. Daher werden sie, sind sie erst erwachsen, sein wie diese.

Ist es erst einmal erreicht, die Gefahr einer reifen, befriedigenden Genitalsexualität abzuwenden, fallen alle möglichen Folgegefahren ganz von selbst weg. Die zwischenmenschliche Zweierbeziehung wird wenig herzlich und ohne Liebe und Achtung sein. Die aus einer solchen Verbindung kommenden Kinder (und späteren Erwachsenen) werden Liebe, Achtung und Einfühlsamkeit somit erst gar nicht kennenlernen. Diese drei Gefühle aber sind die Grundvoraussetzung für die oben erwähnte gefährliche Kettenbildung in den Familien. Sind also solche Gefühle erst ausgeschaltet, ist eine Kettenbildung von vornherein unmöglich. Die so lebenden Menschen haben in keinem anderen und vor allem nicht einmal in sich selbst Wurzeln und besitzen daher alle Voraussetzungen, ein guter Staatsbürger zu werden. Sie kennen weder ihre wahren Gefühle noch ihre eigenen Bedürfnisse und sind folglich dankbar, wenn vom Staat nützliche Gefühle und Bedürfnisse an sie verteilt werden. Wegen dieser sehr positiven Eigenschaften ist und bleibt, trotz der Möglichkeit einiger Gefahren, die Familie Ur- und Keimzelle des Staates.

Ist das Böse der menschlichen Natur so weit beherrscht, daß Sexualität nicht genital befriedigt wird, steht der Weg offen, sie zu sublimieren. Und das tun wir – wie dies sowohl nötig als auch sinnvoll ist – durch Arbeit. Es ist erschreckend, sich jemanden vorzustellen, der, anstatt am Arbeitsplatz seiner staatsbürgerlichen Pflicht nachzukommen, zu Hause bei seinem Ehepartner im Bett liegt und sich den unendlichen, aber verderblichen Genüssen eines Geschlechtsverkehrs hingibt. Nein, die Sexualität muß und darf nur in sublimierter Form in Erscheinung treten. Alle Energie muß in Arbeitsenergie und Disziplin umgewandelt werden. Ein Mensch, der sich nicht mit seinen Genitalien, sondern mit seiner Arbeit sexuell befriedigt, ist entwurzelter, gehorsamer und leichter zu führen als jemand, der nur an seinen eigenen Körper und an den Körper seines Sexualpartners denkt. Begierde ist an sich ein Erzeugnis unserer bösen Natur. Gelingt es jedoch, sie in Arbeitsenergie umzusetzen und auf diese Weise zu befriedigen, wird das, was von Natur aus böse ist, dank Erziehung gut.

Ich habe bisher sehr viel über die Erziehung unseres Volkes gesprochen und will nun auch noch etwas über unser Volk selber schreiben. Die Themen dieses, meines Berichtes sind nach Wichtigkeit geordnet. Und jeder wird wohl leicht einsehen, daß die Erziehung des Volkes wichtiger ist als das Volk selbst.

Der Mythos sagt, daß unser Volk einst in grauer Vorzeit von irgendwoher in dieses Land gekommen war. Es hatte seine Ureinwohner totgeschlagen und ihre Stelle eingenommen. Von diesen Ereignissen wissen wir jedoch nichts Genaues mehr. Seit dieser Zeit leben wir hier, und eine Generation folgt der anderen. Auf diesem Mythos aufbauend, wurde unser Volk lange durch eine Blut-und-Boden-Ideologie zusammengehalten. Man war sich bewußt, daß schon die eigenen Väter und Vorväter dieses Land bewohnt und bebaut hatten und nach ihrem Tode sogar in dessen Erde eingegangen waren.

Viele schreckliche Kriege mit anderen Völkern belehrten uns jedoch, daß die Blut-und-Boden-Ideologie besser abzuschaffen sei. Es erschien uns als verderblich, auf eine Geschichte stolz zu sein, die mit Blut geschrieben ist.

Zur selben Zeit, als die alten Werte außer Mode kamen, begann der schon erwähnte starke Zuzug fremder Arbeiter aus fernen Ländern. Seit dieser Veränderung kann man eigentlich genaugenommen von unserem „Volk" nicht mehr sprechen. Wir sind ein Gemisch aus vielen Völkern, alle vereint, denselben Turm zu bauen. Für uns sind alle Menschen gleich, wir verabscheuen Krieg und Gewalt und wir werfen dem Nachbarland vor, in diesen Punkten das genaue Gegenteil von uns zu sein. Dreist und unverschämt wie immer berufen sich unsere Feinde auf dieselben Ideale und behaupten, daß diese bei ihnen verwirklicht seien, während gerade wir sie verraten hätten.

Durch den Zuzug so vieler Fremder ist unsere Kultur in stetem Wandel. Die einzelnen völkischen und sprachlichen Gruppen leben zwar, da unser aller Bemühen dem Turm gilt, friedlich nebeneinander her. Dennoch aber vermischen wir uns nur in Ausnahmefällen. Jede Gruppe hat ihr eigenes Wohnviertel. Die Schul- und Amtssprache ist immer noch Nous. Dies kommt daher, daß die Volksgruppe, die zuerst hier wohnte (zu ihr gehöre ich und überhaupt die Kaste der Gelehrten) immer noch die zahlenmäßig stärkste ist. Aber auch das wird bald nicht mehr der Fall sein.

Die erst später eingewanderten Volksgruppen haben viel mehr Kinder als die Ureinwohner, und bald werden daher sie die zahlenmäßig stärkste Gruppe vorstellen. Nun, ich werde das nicht mehr erleben, wünsche der neu entstehenden Bevölkerung trotzdem viel Glück für die Zukunft und hoffe, sie werden noch schneller und besser an unser aller Turm bauen, als dies vorher die Ureinwohner des Landes taten.

Ansonsten weiß ich nur Gutes über unser Volk zu sagen. Es verfügt über alle wichtigen Tugenden. Es weiß, daß der Mensch von Natur aus böse ist, mißtraut daher seiner inneren Stimme, hört lieber auf die Stimme des Staates und läßt sich willig weg von der Natur und hin zum Guten führen und formen. Wann, wie und wo immer die Regierenden auftreten, werden sie begeistert empfangen und erleben die Freude, überall als Autoritäten zu gelten. Der Gehorsam des Volkes kennt keine Grenzen. Halten die Regierenden beispielsweise einen Krieg für nötig, lassen sich die Menschen aus dem Volk willig zu Millionen totschlagen und kommen, von ganz wenigen Ausnahmen abgesehen, nicht nur andeutungsweise auf den Gedanken, den Gehorsam zu verweigern. Hier sieht man die Früchte guter Erziehung. Begeistert töten sie im Auftrag von Menschen, die sie nicht persönlich kennen und sogar noch nie vorher gesehen haben. Kurz: Man kann mit dem Volk machen, was immer man will. Das ist ein weiterer Beweis der großen Klugheit des Volkes. Das Volk weiß, daß es nichts weiß, und gehorcht daher bedingungslos der Regierung, die alles weiß.

Ich bin stolz darauf, Teil eines solchen Volkes zu sein und als führender Gelehrter an seiner Leitung und Unterweisung aktiv mitwirken zu können. Nach einem so schönen und erfüllten Leben, wie ich es hatte, fürchtet man den Tod nicht mehr.

Zwischenkommentar des Archäologen

Der Text des Gelehrten endet hier natürlich noch längst nicht. Wie schon einleitend erwähnt, sind aber Sinn und Ziel dieses Buches, einen möglichst allgemeinen Einblick in den Staat Nous zu ermöglichen.

Was das breite soziale Leben der hier vorzustellenden Kultur anbelangt, erscheint der erste Teil des vorangegangenen Gelehrtenberichts zur Erfüllung dieses Zwecks bereits als ausreichend. Wir gehen davon aus, in absehbarer Zeit die Integralversion vieler anderer und auch des oben abgedruckten Textes in der Übersetzung vorlegen zu können. Bis dahin hoffen wir, daß unsere verehrten Leser mit dieser bloßen Einführung zufrieden sein werden.

Die nun folgende Quelle besitzt wie die vorangegangene die Eigenschaft, uns das allgemeine soziale Gefüge des Staates Nous näherzubringen. Es handelt sich hierbei um die Rede eines Naturwissenschaftlers. Sie wurde zusammen mit anderen Texten in der großen Universität der Hauptstadt entdeckt und diente in ihrer Zeit gewiß als Lektüre für die Studierenden.

Der Inhalt der Rede beweist eindeutig, daß in Nous eine enge Verbindung zwischen Naturwissenschaft und Politik bestand. Ich möchte in diesem Zusammenhang darauf hinweisen, daß Kulturen, in denen die Politik eng mit einer Ideologie, Wissenschaft oder Religion verbunden ist, grundsätzlich zu den hochentwickelten Zivilisationen zählen. Dies ist ein weiteres Indiz für die Berechtigung unserer Annahme, daß die Bewohner von Nous mit Sicherheit ein außerordentlich intelligentes Volk waren.

Der Naturwissenschaftler geht in seiner Rede vor allen Dingen auf die durch exakte Planung gekennzeichnete Bevölkerungspolitik des Staates Nous ein und legt dar, daß diese Politik ohne die Mitwirkung der Naturwissenschaftler nicht möglich wäre.

Obwohl in dieser Rede Themen aus dem Bereich der Naturwissenschaft angesprochen werden, ist sie dennoch auch dem Laien von heute durchaus verständlich.

Da sich der Umfang der Quelle in Grenzen hält, legen wir sie hier ungekürzt vor.

Der Naturwissenschaftler

Liebe Freunde und Berufsgenossen!

Das Volk glaubt, daß es von Politikern regiert wird. Es sieht somit nur die halbe Wahrheit. Richtig ist, daß in unserem Lande der Politiker das „Was“ bestimmt. Für das „Wie“ jedoch sind wir zuständig. Der Befehlende braucht den Ausführenden und umgekehrt. Zwischen diesen beiden gibt es keine Über- oder Unterordnung. Nein, sie befinden sich auf gleicher Höhe.

Noch vor hundert Jahren hätte es niemand für möglich gehalten, daß wir Naturwissenschaftler einmal soviel erreichen würden. Lange Zeit über galten wir als Außenseiter, den Bürgern waren wir unheimlich, und die Autoritäten von Staat und Kirche fühlten sich durch uns hinterfragt und bedroht. Man hätte nie geglaubt, daß wir einmal wirkliche Macht erwerben könnten. Dank der großen Fortschritte, zu denen wir auf dem Gebiet unseres Wissens gelangt sind, ist jedoch genau dieser Fall eingetreten. Politiker und Naturwissenschaftler gehen heute Hand in Hand nebeneinander her, vereint durch das gemeinsame Fundament der Macht.

Unser Weg zur Macht war still. Er bereitete sich vor im Verborgenen. Denn im Gegensatz zum Politiker scheuen wir die großen Auftritte vor dem Volk. Doch der Erfolg beweist die Richtigkeit unseres Verhaltens.

Wenn es aber von Anfang an die gemeinsame Idee der Macht war, die uns mit den Politikern vereinte, müssen wir uns fragen, warum es so lange gedauert hat, bis die Herrschenden uns einen Platz an ihrer Seite zubilligten. Wirft man einen kurzen Blick auf die Geschichte unserer Wissenschaft, findet man schnell die Gründe, derentwegen wir so lange verkannt blieben. Ursprünglich nämlich beschäftigten sich die Naturwissenschaftler nur mit toter Materie. Sie nahmen sie auseinander, setzten sie wieder zusammen, erforschten ihre Bestandteile und fanden dabei heraus, wie gewisse Stoffe auf andere reagierten. Es versteht sich von selbst, daß wir und unser Genie in dieser Zeit von niemandem gewürdigt wurden. Wir sollten den Menschen ihre frühere Blindheit heute nicht mehr nachtragen, denn es war damals wirklich noch nicht zu erkennen, daß sich unser Bestreben von Urbeginn an auf Macht richtete.

Der wohl entscheidende Durchbruch gelang uns, als wir entdeckten, daß der Mensch ja auch nichts anderes ist als Materie. Folglich muß er auch so behandelt werden. Und von diesem Zeitpunkt an, zu dem wir dazu übergingen, den Menschen selbst zu erforschen und als Objekt zu behandeln, sind wir im Besitz von großer Macht.

Und nun ist es endlich so weit gekommen, daß die Politiker ohne uns hilflos wären. Wir waren es, die die staatlichen Kurzweil-Geräte erfanden, die uns allen so schöne und traumverlorene Stunden gewähren. Uns verdankt die Menschheit den künstlichen, vom Staat verordneten Schlaf, durch den wir endlich über den schädlichen, natürlichen Schlaf triumphiert haben. Durch uns wachen die Menschen früh am Morgen auf, und durch unsere Techniken kommen sie sicher und schnell zum Arbeitsplatz.

Das alles sind Leistungen, auf die wir Naturwissenschaftler mit Recht stolz sein können. Alle diese Dinge gehören jedoch noch unseren geringeren Verdiensten an. In erster Linie müssen die Menschen dafür dankbar sein, daß es durch unsere genialen Erfindungen zum ersten Mal in der Geschichte unseres Landes möglich wurde, eine von weiser Planung getragene Bevölkerungspolitik durchzuführen.

Hiermit bin ich schließlich bei meinem Hauptthema angelangt, worüber ich euch, liebe Freunde und Berufsgenossen, am heutigen Tage einiges berichten will. Ihr wißt alle, daß es seit jeher ein Traum der Menschheit war, die Natur zu besiegen. Warum auch sollten die Menschen unter den willkürlichen Launen der Natur leiden? Besonders der Tod war immer schon eine Sache, die einzig der Natur überlassen blieb. Die Natur bestimmte, wie lange ein Mensch leben und wann er sterben sollte. Wie müssen wir alle glücklich darüber sein, daß diese Zeiten der Unwissenheit und Hilflosigkeit nun vorüber sind. Es ist heute noch gar nicht abzusehen, welch ungeheure Wohltat wir den Menschen dadurch erwiesen haben, daß wir etwas erfanden, das es möglich macht, jedermann zur richtigen Zeit und auf die richtige Weise sterben zu lassen.

Ihr wißt nun schon, wovon ich spreche: natürlich von den staatlichen Giftfabriken. Ich will noch einmal kurz aufzeigen, welches Grundproblem dieser, unserer genialen Erfindung zugrunde lag. Seit unendlicher Zeit schon litt unser Gemeinwesen darunter, daß die Menschen zu lange leben. So kam es, daß viele alte Menschen den jüngeren im Wege standen oder ihnen sogar zur Last wurden. Sie verließen ihren Arbeitsplatz nicht und hinderten dadurch die Jüngeren am Nachrücken. Im noch weiter fortgeschrittenen Alter wurden sie sogar wieder zu Kindern und belasteten durch ihr unnützes Dasein die Gemeinschaft der Bürger.

Schon lange hatte der Staat überlegt, wie er diesem Übel abhelfen könnte. Man dachte dabei unter anderem auch an groß angelegte Vergiftungsaktionen, durch die Alte und Arbeitsunfähige aus der Gemeinschaft herausgefiltert werden sollten. Mit dieser Idee war man in gewissem Sinne schon auf dem richtigen Weg. Nur scheiterte anfangs das ganze Projekt noch daran, daß man sofort wirkende Gifte einsetzte, woran jung und alt gleichermaßen starben.

Endlich aber wurde dieses Problem ein für allemal zufriedenstellend gelöst: Man erfand die heute überall in unserem Land befindlichen Giftfabriken. Die meisten von euch kennen die Funktionsweise dieser Anlagen. Für die weniger Kundigen will ich das Grundprinzip dieser Erfindung hier kurz zusammenfassen.

Giftige Stoffe werden in riesigen, dichten Behältern, die gigantischen Kesseln ähneln, zusammengebracht und dort verbrannt. Ein Vorteil dieser Methode ist die dabei entstehende Wärme, die umgeleitet wird und mit der die Bürger an kalten Tagen ihre Wohnungen heizen können. Da die Behälter sehr gut abgedichtet sind, treten immerzu nur winzig kleine Mengen der giftigen Stoffe aus. Die Bürger nehmen dadurch ihr Leben lang, ohne davon etwas zu merken, jeden Tag beim Atmen über die Lungen ein wenig Gift zu sich. Da die Tagesdosis hierbei sehr niedrig ist, stirbt der Bürger an den eingeatmeten Giften erst nach vielen Jahren.

Die Vorteile dieser Methode und der Segen, der damit auf die ganze Menschheit kommt, liegen auf der Hand. Endlich haben wir einen Weg gefunden, durch den wir das Volk auf solche Art vergiften können, daß jedermann Nutzen davon hat. Die Kunst bei diesem ganzen Verfahren besteht darin, die für den Bürger bestimmte tägliche Giftdosis genau so zu bemessen, daß er im richtigen Moment stirbt. Denn stirbt er zu früh,

raubt man unserer Gemeinschaft ein wertvolles Mitglied. Stirbt er hingegen zu spät, muß unsere Gemeinschaft ein unnützes Mitglied unzumutbar lange ertragen.

Die Parole also lautet: Der richtige Tod zur richtigen Zeit!

Ihr wißt alle, daß die Giftfabriken immer noch einige – wie genial diese Erfindung an sich auch immer sein mag – Mängel aufweisen. Das ist insofern entschuldbar, als diese Techniken ja auch sehr jung sind. Natürlich kommt es gelegentlich vor, daß ein Mensch schon als Kind an den entweichenden Giften stirbt. Und auch die staatlichen Altenheime wollen vorerst noch einfach nicht leer werden. Eine solche geringfügige Fehlerquote müssen wir eben zur Zeit noch mit einberechnen. Der Fortschritt in diesen Dingen hält jedoch stetig an, und auch die erwähnten Mängel werden wir noch beseitigen. Ich versichere euch, daß schon in naher Zukunft alle diese Schwierigkeiten aus der Welt geschafft sein werden.

Ich wiederhole noch einmal: Wir können dem Bürger keine größere Wohltat erweisen, als ihn zur rechten Zeit sterben zu lassen. Unsere Gifte besitzen alle Eigenschaften, die man von Erfindungen erwarten kann, die den Erfordernissen der Menschlichkeit Rechnung tragen. Bis kurz vor seinem Tod fühlt sich der Bürger völlig gesund. Er ist leistungsfähig und kann ungehindert jeden Tag arbeiten, was ja ohne jeden Zweifel für ihn das Allerwichtigste auf der Welt ist. Erst geringe Zeit vor dem Sterben bemerkt er, daß sich im Inneren seines Körpers ein oder sogar mehrere Geschwüre gebildet haben. Sie werden mit jedem Tag größer und führen schließlich zum Tod.

Man sieht, daß die Vorteile, die unsere Giftfabriken mit sich bringen, allen Menschen gleichermaßen zugute kommen. Denn haben die Geschwüre erst angefangen zu wachsen, muß sich der Bürger naturgemäß zum Arzt begeben. Dieser nimmt eine Behandlung vor, die selbstverständlich nicht kostenlos ist. Dadurch kommt Geld in Umlauf, Steuern werden gezahlt, ein Jüngerer kann den vakanten Arbeitsplatz des Erkrankten einnehmen, und jedermann profitiert somit von den Geschwüren des Todgeweihten.

Am glücklichsten sind die Kranken selbst. Man spritzt ihnen ein Mittel in die Adern, wodurch sie in einen tiefen Schlaf verfallen, während der Arzt ihren Körper aufschneidet und die Geschwüre entfernt. Danach wird die Schnittwunde am Patienten wieder zugenäht. Für den Bürger ist dieses ganze Verfahren überaus angenehm, da die Mittel in seinen Adern kurz vor dem Aufwachen noch viele glückselige Träume erzeugen.

Es versteht sich von selbst, daß der Patient daraufhin beschwerdefrei ist, denn ein Geschwür, das entfernt worden ist, kann ihn nicht mehr drücken. Er stirbt natürlich trotzdem, da das Geschwür schon vor seinem Verschwinden so viele schädliche Stoffe in den gesamten Körper geleitet hat, daß der Kranke dies niemals überleben kann.

Die allerschönste Zeit für den Patienten erwartet ihn in den Monaten vor seinem Tod. Man spritzt täglich glücklich machende Mittel in seine Adern. Das schafft beim Kranken einen Seelenzustand von solcher Heiterkeit, wie er sie sein ganzes Leben lang nicht gekannt hat. Man kann sich heute gar nicht mehr vorstellen, was den Menschen früherer Zeiten, die noch natürlich starben, alles entging. In ihrem ganzen Leben waren die Bürger niemals so glücklich gewesen wie unmittelbar vor diesem von uns künstlich eingeleiteten Sterben. Einzig der vom Staat verordnete Tod ist eben ein wahrhaft glücklicher Tod.

Ich habe mich selbst im Rahmen meiner Forschungen viel in Krankenhäusern aufgehalten und die Menschen, die an den Folgen unserer Gifte starben, bei ihrem vergnüglichen Warten auf den Tod beobachtet. Aufgrund meiner hierbei gemachten Erfahrungen verstehe ich wirklich nicht, wieso man diese Kranken von unserer Gemeinschaft fernhält, als müsse man sich ihrer schämen. Vielmehr sollte man sie auf öffentlichen Plätzen ausstellen, damit jeder mit eigenen Augen sehen kann, wie schön der vom Staat verordnete Gifttod für uns Bürger ist. Mit weit geöffneten, sehnsüchtigen Augen liegt der Kranke auf dem Sterbebett. Von allem ist er jetzt befreit. Keine Last drückt ihn mehr. Am Turm werden andere an seinem Platz für ihn weiterbauen. Diese Gewißheit enthebt ihn aller Sorgen um die Zukunft. Zwei glückliche Augen strahlen aus dem schon eingefallenen, vom Tod gezeichneten Gesicht. Bei einem solchen Anblick sagte ich mir stets innerlich mit großem Stolz: „Hieran sieht man, daß der Staat nicht nur fürsorglich an den Bürger denkt. Nein, er liebt ihn sogar. Denn welch größere Liebe könnte man einem Menschen zuteil werden lassen als die, daß man ihn im richtigen Moment auf die richtige Weise sterben läßt? Und mich als Naturwissenschaftler und Giftfabrikexperten trifft ein Teil an diesem unvergleichlichen Verdienst."

Ihr, liebe Freude und Berufsgenossen, kennt meine wissenschaftlichen Veröffentlichungen und wißt, daß ich sowohl unsere eigenen Giftfabriken als die des Nachbarlands nach drei Qualitätsgraden einteile: sicher, sicherer, am sichersten. Und ich schwöre hiermit und sage es mit Stolz: Unsere Giftfabriken sind die sichersten auf der ganzen Welt! Von ihnen erhält der Bürger täglich weder zuviel noch zuwenig Gift. Unsere Giftfabriken bringen den sichersten Tod auf der ganzen Welt. Das ist schon etwas. Darauf können wir stolz sein!

Ich glaube, daß die Bürger dies in der Zwischenzeit auch schon genau begriffen haben. Man sieht dies deutlich am politischen Leben. Die Menschen sind so begeistert von der Idee des sicheren Todes, daß die Politiker diese Zeitstimmung sogar in ihrer Werbung ausnutzen. Eine Partei, die dem Volk fünf Giftfabriken verspricht, wird bei den Wahlen weniger Erfolg haben als eine, die davon 15 verspricht. Und diejenige, die den Bau von 50 Giftfabriken ankündigt, wird von den Bürgern wiederum mehr Stimmen erhalten als diejenige, die sich hierin auf bloße 15 beschränkt. Ihr wißt ja selbst, daß erst vor kurzem einer unserer Politiker in seinem Regierungsbezirk einen überwältigenden Wahlerfolg erzielte, nur weil er es durch geschickte Taktik verstanden hat, besonders viele und sogar eine über alle Maßen große Giftfabrik in seinem Machtbereich bauen zu lassen. Das Volk verehrt ihn wie ein Idol, weil er sich so tatkräftig für den sicheren Tod einsetzt.

Dies ist nur einer von vielen Beweisen für die unübertreffbare Klugheit, durch die sich das Volk in diesen und anderen Dingen auszeichnet.

Ich kann ein herzhaftes Lachen nicht unterdrücken, wenn ich an die frühen Zeiten der Giftfabriken zurückdenke, zu denen es doch tatsächlich noch Menschen gab, die dagegen protestierten, daß der Staat sie langsam vergiftete. Nein, es ist nicht zu fassen, daß es einmal derartig verachtenswerte Individuen in unserer Gemeinschaft gab, die in einem solchen Maße jeder vernünftigen Einsicht entbehrten! Was wollten diese Narren denn? Etwa ihr eigenes Sterben der unkontrollierten Willkür der Natur überlassen? Diese Menschen – wie gesagt, ich lache noch heute über sie – benahmen sich in bezug auf den Staat wie kleine, ungehorsame Kinder gegenüber ihren Eltern. Sie konnten einfach nicht begreifen, daß man in allem nur ihr Bestes wollte. Der Staat tat somit gut daran, diese Unverständigen kurzerhand zu ignorieren und weiterhin in großer Zahl Giftfabriken bauen zu lassen. Ein Teil der vernunftlosen Narren, die die Vorteile des sicheren Todes nicht zu erkennen in der Lage waren, ist denn auch schließlich nach einigen Jahren zu besseren Einsichten gelangt. Der andere Teil von ihnen ging freiwillig ins Irrenhaus. Wäre es nach mir gegangen, hätte man sie allesamt gleich zu Anfang eingesperrt.

Wie dem auch sei, das Problem hat sich ja ohnehin inzwischen von selbst gelöst. Heute liebt das Volk die Giftfabriken, und es ehrt jeden Politiker, der sich dafür einsetzt, daß möglichst viele von ihnen gebaut werden. Wir Naturwissenschaftler aber wissen natürlich, daß ein solches Werben der Politiker um die Stimmen des Volkes im Grunde unseriös ist. Denn letztlich wird der sichere Tod ja nicht durch die hohe Zahl und besondere Größe der Giftfabriken garantiert. Nein, die technische Perfektion ist das entscheidende Kriterium. Wie ich schon sagte: Der Bürger darf täglich weder zuviel noch zuwenig Gift beim Atmen über die Lungen erhalten. Das eine schadet der guten Sache so sehr wie das andere.

Ich habe bereits erwähnt, daß unsere Gifte in den Körper des Bürgers gelangen, ohne daß er selbst das Geringste davon merkt. Dies erschien aber vielen Betroffenen als zu langweilig, weswegen wir nun auch gelegentlich Gifte in die Luft steigen lassen, die Augenbrennen und Kopfschmerzen verursachen. Kommt Wind aus einer günstigen Richtung, stauen sich die Gifte, und die Bürger klagen über die genannten Beschwerden. So wirken wir erfolgreich der Langeweile entgegen. Der Bürger ist dann beschäftigt, denn er wird nicht müde, zu klagen und auf den Wind zu schimpfen. Man kann auch hieran wieder die große Klugheit des Bürgers erkennen. Er schimpft nicht auf den Staat, der die Gifte herstellt, sondern auf den Wind. Nur ein weises Volk versteht die Kunst, sich alle Dinge dieser Welt genau so zurechtzulegen, wie es ihm Nutzen bringt.

Zum Abschluß meiner Erörterungen über die Giftfabriken möchte ich noch von einer weiteren Quelle sprechen, durch die bei der Giftdosierung häufig Fehler auftreten, an der wir aber völlig unschuldig sind. Ihr wißt, daß unsere Feinde, die das Nachbarland bewohnen, ebenfalls Giftfabriken betreiben. Anscheinend wollen sie damit beweisen, daß sie genauso klug sind wie wir. Der Tod, der von ihnen bereitet wird, ist im Gegensatz zu unserem jedoch keineswegs sicher.

Da wir das Nachbarland nicht betreten dürfen, wissen wir zwar nichts Genaues über die dortigen Giftfabriken. Unsere hierzulande durchgeführten Messungen haben jedoch ergeben, daß unsere Feinde ihre Gifte nicht wie wir wohldosiert, sondern ganz willkürlich in die Luft steigen lassen. Stellt euch nur vor: Sie verbrennen die Giftstoffe bei solcher Hitze, daß der sie beinhaltende Behälter manchmal sogar explodiert und das ganze Gift völlig unkontrolliert und in großen Mengen an einem einzigen Tag austritt. Die Folge ist natürlich, daß die Gifte nicht wie bei uns wohlbemessen auf alle Bürger gleichmäßig verteilt werden, sondern einfach dorthin gelangen, wohin der Wind sie weht. Nun ja, was kann man von diesen verachtenswerten Menschen schon anderes erwarten? Wer den Turm in falscher Richtung baut, der kann auch keine exakt funktionierenden Giftfabriken herstellen. Unfälle wie die im Nachbarland wären bei uns – das schwöre ich bei meiner Ehre als Wissenschaftler – selbstverständlich völlig undenkbar. In unserem Staat vollzieht sich alles in geordneten Bahnen, und der Bürger erhält zuverlässig eine genau vorherberechnete Giftdosis.

Doch ich wollte eigentlich nicht von unseren frevelhaften Nachbarn sprechen, zumal ich davor zurückschrecke, unsere Giftfabriken auch nur von fern mit den ihren vergleichen zu wollen. Vielmehr geht es mir darum aufzuzeigen, welche Schwierigkeiten bei der Dosierung unserer selbstgemachten Gifte auftreten, wenn wir ständig fremde Gifte von unseren Feinden ins Land bekommen. Das ruft manchmal eine spürbare Unordnung in unserem Kalkül hervor. Besonders in den Winter- und Frühjahrsmonaten steht der Wind so, daß die Luft aus dem Feindesland zu uns herübergeweht wird. Zu dieser Zeit ist es dann schwierig, die nötige Giftmenge, die wir aus unseren Fabriken austreten lassen müssen, genau vorherzubestimmen, da die aus dem Nachbarland kommenden fremden Gifte unsere Berechnungen völlig durcheinanderbringen. Leider haben wir bis heute noch kein Mittel gefunden, diesen Mißstand zu beseitigen. Denn wer könnte dem Wind vorschreiben, aus welcher Richtung er zu kommen habe?

Aber gerade diese ungelöste Schwierigkeit sollte uns ein Ansporn sein, nur um so mehr Vertrauen zu uns selbst und unseren eigenen Giften zu haben. Ich begrüße es daher sehr, daß die Regierung in unmittelbarer Nähe unserer Giftfabriken stark verbilligtes Bauland zur Verfügung gestellt hat. So wird es auch den ärmeren Familien ermöglicht, sich ein Häuschen im Grünen zu leisten, in dem man zudem den Vorteil genießt, besonders exakt und wohlbemessen vergiftet zu werden. Damit will ich natürlich nicht sagen, daß Bürger, die etwas weiter entfernt von der nächsten Giftfabrik wohnen, weniger verläßlich vergiftet werden. Nur ist es ohne Zweifel beruhigend, sich nahe an einer staatlichen Giftquelle zu befinden, da man dann in dem schönen Gefühl leben kann, einen sicheren Tod zu haben. Ich sage es noch einmal: Es gibt sichere, sicherere und sicherste Giftfabriken. Und unsere sind die sichersten auf der ganzen Welt!

Vor kurzem erst habe ich mir eine neu entstandene Siedlung näher angesehen, die unmittelbar um eine unserer sehr sicheren Giftfabriken angelegt worden ist. Beim Anblick der schönen Häuser und Gärten ging mir geradezu – ich hoffe, man wird mich nicht als allzu sentimental betrachten, wenn ich dies sage – das Herz auf. Die dort lebenden Menschen sind glücklich und sorglos. Sie atmen ihre tägliche Dosis Gift ein, ohne auch nur das Geringste davon zu merken. Unsere Gifte sind eben die besten auf der ganzen Welt: Man sieht sie nicht, man riecht sie nicht, und man spürt sie erst, wenn sie bereits ihre Wirkung tun. Diese Menschen in der neuen Siedlung werden daher ohne jeden Zweifel alle im richtigen Moment sterben.

Am meisten freute mich der Anblick der Kinder. Gewiß haben sich ihre Eltern aus Verantwortungsbewußtsein und Liebe zu ihnen an einem so günstigen und vielversprechenden Ort angesiedelt. Denn unsere Gifte wirken um so besser, je jünger die Person ist, die sie aufnimmt. Und in diesem Punkt werden die Eltern ihren Pflichten, die sie gegenüber den Kindern tragen, auch vollends gerecht. Man kann sicher sein: Gleich wenn ein Neugeborenes den ersten Atemzug tut, füllen sich seine Lungen mit Gift. Ich möchte nochmals betonen, daß dies auch sehr zu begrüßen ist, da man mit der Aufnahme unserer Gifte nicht früh genug beginnen kann.

Ja, ich weiß, ich bin ein wenig sentimental. Ich gebe offen zu, daß mich beim Betrachten der neuen Siedlung nichts so sehr gefreut hat wie der Anblick der vielen schönen Kinder. Sie spielten unbekümmert im Sonnenschein unter Bäumen, die krank waren und daher besonders farbenfroh blühten. Als ich in die unschuldigen Gesichter der Kinder blickte und dabei ihre großen, fragenden Augen sah, mußte ich unwillkürlich an die seligen Blicke der an unseren Giften Sterbenden denken, von denen ich vorhin sprach. Ja, alle diese Menschen werden im Sterben wieder glückliche Kinder sein. Und das ist nicht zuletzt unser Verdienst. Seien wir stolz darauf.

Mit unseren Erfindungen, liebe Freunde und Berufsgenossen, hinterlassen wir unseren Nachkommen einen unvergänglichen Schatz. Die Generationen nach uns werden mehr als einen Grund haben, uns in guter Erinnerung zu behalten und unser Andenken zu pflegen.

Freut euch daher mit mir! Seid stolz und glücklich, denn die Menschen werden uns für alle Segnungen, die ihnen durch uns auch in Zukunft zuteil werden, bis in alle Ewigkeit dankbar sein. Unsere Kinder und Kindeskinder werden täglich unsere Gräber schmücken. Denn wahrlich: Wir haben die Menschen so frei gemacht, daß es von jetzt an nur noch eine Frage der Zeit ist, bis sie endlich von allem für immer frei sein werden.

Zwischenkommentar des Archäologen

Der Ausklang seiner Rede legt die Vermutung nahe, daß der Naturwissenschaftler an ihrem Ende großen Beifall erhielt. Das Selbstbewußtsein und der Zukunftsoptimismus, die sich in seinen Darlegungen kundtun, waren daher gewiß nicht nur allein auf die Naturwissenschaftler beschränkt, sondern allgemeiner kultureller Besitz des Volkes Nous in seiner Gesamtheit.

Wir haben folglich Grund anzunehmen, daß in der späten Zeit dieser Zivilisation keineswegs eine Art von pessimistischer „Endzeitstimmung" herrschte. Vielmehr spricht alles dafür, daß die Bevölkerung von Nous bis zuletzt an eine glückliche Zukunft glaubte.

Die beiden vorangegangenen Texte haben es ermöglicht, einen klaren Einblick in das soziale Grundgefüge des Staates Nous zu bekommen. Die nun folgenden Quellen zielen hingegen darauf ab, uns das Privatleben der in dieser Zivilisation lebenden Menschen näherzubringen. Bisher wurde der Staat Nous sozusagen nur „von oben" betrachtet. Nunmehr wird die Einzelperson in ihrer alltäglichen Normalität im Brennpunkt unseres Interesses stehen.

Als nächstes schriftliches Zeugnis des Staates Nous präsentieren wir daher einen Auszug aus einem Notizbuch, das von einem einfachen Mann aus dem Volk geführt wurde. Das Buch ist vermutlich bei der Zerstörung im Laufe der apokalyptischen Katastrophe, die sich in Nous zutrug, unter völligem Luftabschluß begraben worden. Dadurch blieb es erhalten.

Über das Verhältnis des Autors zu seinem Notizbuch ist folgende erstaunliche Tatsache zu berichten. Wir füllten den Hohlraum, in dem wir das Buch fanden, mit Gips aus. Und siehe da: Die Gestalt eines kauernden Menschen, der die Hände vor dem Körper verschränkt hält, kam zum Vorschein. Die Untersuchungen lassen keinen Zweifel übrig. Der Autor muß noch im Sterben das Buch gleich einem kleinen Kind liebevoll an seine Brust gedrückt haben. Das ist eine höchst ergreifende Vorstellung, und schon allein aus diesem Grund haben sich meine Kollegen und ich entschlossen, einen Auszug aus diesem Notizbuch gleich bei unserer Erstveröffentlichung über den Staat Nous abdrucken zu lassen.

Auch bei diesem Text bedarf es keines weiteren einleitenden Kommentars, da alle zum Verständnis notwendigen Einzelheiten aus dem Geschriebenen selbst hervorgehen.

Der einfache Mann aus dem Volk

Ach, du liebes, kleines Notizbüchlein! Wenn ich dich nicht hätte!

Ja, wenn ich dich nicht hätte, dann hätte ich – jetzt, seit meine Eltern fern von mir im Altersheim sind – gar niemanden mehr, dem ich einmal ein paar Gedanken anvertrauen könnte. Ich wollte nicht, daß meine Eltern ins Altersheim kämen. Aber was sollte ich machen? Ich muß arbeiten und konnte sie nicht bei mir behalten. Für meine Geschwister gilt das gleiche. Außerdem wird es vom Staat nicht gerne gesehen, zu sehr an seinen Eltern oder Angehörigen zu hängen. Und überhaupt: Wofür gibt es denn Altersheime?

Denke ich ruhig darüber nach, muß ich sogar zugeben, daß ich genaugenommen mit meinen Eltern niemals wirklich sprach. Aber sie ermöglichten mir immerhin, mich der Illusion hinzugeben, daß ich jederzeit mit jemandem sprechen könne.

Kam ich am Abend müde von der Arbeit nach Hause, setzte ich mich zum Abendessen nieder, das meine Mutter bereitet hatte. Klagte ich über etwas, pflegte sie zu sagen: „Ja, ja. Denk nicht mehr daran. Es wird bald alles besser werden. Iß lieber deine Suppe, anstatt zu klagen." Ich gehorchte, und selbst wenn die Suppe noch sehr heiß war, schlürfte ich sie ohne Widerspruch. Mein Vater, der mir gegenübersaß, ermunterte mich gelegentlich männlich mit Worten wie „Kopf hoch! Auch das geht vorüber" oder „Was ein Mann ist, der schafft das schon". Manchmal sagte er auch ironisch und abweisend: „Schon wieder solche Weiberklagen!" oder „Ich dachte, ich hätte einen Sohn und keine Memme". Die meiste Zeit aber schwieg er vor sich hin.

Wie ich schon sagte: Eigentlich kann man das keine wirkliche Unterhaltung nennen. Aber ich hatte eben durch meine Eltern das Gefühl, beachtet und geliebt zu sein. Und das allein zählte für mich. Denn was heißt in solchen Dingen schon „Wirklichkeit"? Letztlich ist doch alles relativ. Wie man sich fühlt – das ist entscheidend!

Je mehr ich ächze und mich plage, desto mehr geht mir der Turm im

Kopf herum. Einmal muß er doch endlich im Himmel sein, damit all diese Mühe ein Ende hat. Was man sich unter dem Turm eigentlich vorzustellen habe, weiß ich nicht. Es interessiert mich auch nicht, denn wichtig ist doch nur, daß ich an den Turm glaube, damit ich eine sichere Hoffnung habe. Und alle glauben doch an ihn! Das heißt, eigentlich kann ich gar nicht sicher sein, ob tatsächlich alle an ihn glauben. Ich rede nämlich wenig mit meinen Mitmenschen, und gerade über so eine Sache, wie es der Turm ist, kann man auch kaum sprechen. Ich nehme nur eben aus gutem Grund fest an, daß alle an ihn glauben. Alle mühen sich ab, verlieren dabei ihre Gesundheit, leben düster vor sich hin und sterben früh. Welche andere Erklärung als die, daß alle felsenfest und unerschütterlich an den Turm glauben, könnte es denn für so ein Verhalten geben? Folglich kann ich ganz sicher sein, daß jeder an den Turm glaubt, und somit glaube auch ich an ihn.

Tagsüber arbeite ich viel und lange und bin danach zu Tode erschöpft. Woran ich arbeite, weiß ich nicht. Ich verknüpfe gleich all meinen um mich herum befindlichen Arbeitskollegen zwei Metallteile. Ich weiß weder, wozu der eine oder andere noch die von uns erzeugte Verknüpfung taugt. Wir Arbeiter stellen allerlei Spekulationen über diese Frage an. Dabei haben sich mit der Zeit zwei Gruppen gebildet: Die eine behauptet, die von uns verknüpften Teile würden später einmal für Waffen hergenommen werden. Die andere Gruppe hingegen nimmt fest an, die Teile seien für den Turmbau bestimmt. Kaum jedoch wird diese letzte Vermutung ausgesprochen, beginnen wir uns auch schon zu streiten. Am Turm werde doch aus Zeit- und Kraftmangel schon gar nicht mehr gebaut. Alles drehe sich gegenwärtig nur darum, den schon zum Teil fertiggestellten Turm zu beschützen. Und dafür eben bedürfe es wirksamer Waffen, da unsere Feinde stark und zahlreich seien. Die andere Gruppe hält dieser Theorie entgegen, daß zwar am Turm selbst momentan wirklich nicht mehr gebaut werde. Aber die zur Wiederaufnahme des Baus nötigen Maschinen sowie das dazu unverzichtbare feste Material würden auch weiterhin in stets steigendem Ausmaß bereitgestellt. Man sei eben zur Zeit in einer Art Vorbereitungsphase. Werde diese eines Tages erfolgreich abgeschlossen, seien für den eigentlichen Turmbau alle Vorbedingungen so ideal erfüllt, daß es ein leichtes wäre, ihn dann im Handumdrehen bis in den Himmel voranzutreiben. Die erste Gruppe verneint diese Annahme und hält ihr entgegen, daß unsere Feinde bereits die bloßen Vorbereitungen für den Turmbau empfindlich störten, ja ein und für allemal sogar unmöglich machen könnten, so daß schon allein von daher Waffen zu unserem Schutz nötig seien. Die zweite Gruppe wirft dann der ersten vor, den Feind zu überschätzen. Wie nur könne man denn Menschen, die ihren Turm aus Dummheit statt in den Himmel in die Hölle bauten, für so mächtig halten? Die erste Gruppe erwidert darauf für gewöhnlich, daß wir natürlich viel klüger als unsere Feinde seien und unser Turm selbstverständlich nicht wie ihrer in die Hölle, sondern in den Himmel führe. Aber eben gerade weil unser Turm in die richtige Richtung gehe, verbrauche er naturgemäß mehr Kraft als der falsche Turm der Feinde. Das wiederum mache uns schwach und bringe von selbst die Notwendigkeit einer wirksamen Verteidigung mit sich. Die zweite Gruppe hält dem entgegen, daß doch gerade die Überlegenheit im Turmbau eine Überlegenheit in der Verteidigung mit sich bringe und gerade wir daher besonders wenig auf Verteidigung achten müßten.

Es versteht sich von selbst, daß die Gegenpartei auch dazu wieder eine Meinung hat. So geht es fort, und man wird nie müde zu streiten. Ich begreife manchmal selbst nicht, wie Menschen, die entweder gerade arbeiten oder erschöpft von der Arbeit sind, noch die Kraft aufbringen, unentwegt zu streiten. Ich selber gehöre einer Art dritten Gruppe an. Wir bezeichnen uns als sogenannte „Neutrale“. Wir gehen davon aus, daß die beiden feindlichen Lager, ohne es zu merken, genau dasselbe sagen. Ob nämlich die Teile, die wir zusammenbauen, für den Turm selbst oder nur zu seinem Schutz bestimmt sind, ist eigentlich gleichgültig. In jedem Fall dient unsere Arbeit dazu, dem Turm zu nützen, und unsere Mühe ist folglich nicht umsonst. Die anderen werfen uns Dritten Charakterschwäche vor, weil wir uns neutral hielten. Daher werden wir nicht müde, mit den beiden anderen Parteien zu streiten. Da diese auch wieder untereinander verfeindet sind, kämpft unentwegt jede von uns drei Gruppen gegen die beiden anderen. Somit muß man jedesmal, wenn man das Wort ergreift, doppelte Kraft aufwenden, da das Kampfverhältnis mit zwei zu eins gegen einen steht. Daher reden wir uns zwangsläufig immer sofort in Hitze.

Ich habe mich einmal gefragt, ob dieser ganze Streit eigentlich sinnvoll sei. Gleich danach fühlte ich mich schuldig, weil ich einen solchen Gedanken gehabt hatte. Wir leben und sterben doch alle im Glauben an den Turm. Den Turm selbst hat aber noch niemand je gesehen. Somit lebt quasi der Turm unter uns durch die verschiedenen Meinungen, die wir über ihn haben. Hielten wir also einmal in unserem Streit inne, hieße das, daß wir nicht mehr an den Turm glaubten. Und dies wäre wahrlich das Ende von allem. Noch jetzt werde ich schamrot darüber, einen solchen Gedanken auch nur ein einziges Mal im Kopf gehabt zu haben. Doch zum Glück habe ich meinen Irrtum sofort erkannt und zu niemandem darüber gesprochen.

Hätte ich einen Wünsch frei, so wünschte ich, nur einmal in meinem Leben ausgeschlafen und frisch morgens am Arbeitsplatz einzutreffen. Es gelingt mir jedoch nie, in der Nacht vorher richtig zu schlafen. In meinem Haus wohnen viele Menschen. Ich kenne sie nicht, doch ich höre ihre Laute und Bewegungen, und ich versuche stets, diese Geräusche zu interpretieren. Vielleicht spricht hier ein Mann mit seiner Frau oder umgekehrt. Oder Eltern mit ihren Kindern. Meist scheint es mir, daß die Menschen streiten. Dafür gibt es zwei mögliche Erklärungen. Entweder die Menschen streiten tatsächlich die längste Zeit über, oder ich höre sie eben nur, wenn sie streiten, da sie dann am lautesten sprechen. Auch die Kurzweil, der sich die Menschen leidenschaftlich hingeben, ist besonders am Abend mit viel Lautstärke verbunden. Dann wieder werden alle Hausgeräusche vom Lärm eines auf der Straße vorbeifahrenden Fahrzeugs überdröhnt. Überhaupt liegt stets eine Art helles Rauschen in der Atmosphäre. Die vielen Geräusche der großen Stadt verbinden sich nämlich alle, und in ihrer allgegenwärtigen Gesamtheit erzeugen sie dieses helle Rauschen. An diese selbstverständlichen Geräusche habe ich mich jedoch gewöhnt. Sie sind es nicht, die mir den ruhigen, erfrischenden Schlaf rauben. Nein, was mich eigentlich nicht schlafen läßt, ist die Angst, nicht rechtzeitig aufzuwachen und dann zu spät zur Arbeit zu kommen. Ich tue alles, um diese Angst in den Griff zu bekommen, aber es gelingt mir nicht.

Man mag nun einwenden, daß ich ja nur einen Wecker auf sieben Uhr stellen müßte und dann beruhigt bis zum von selbst einsetzenden Dröhnen des Weckers schlafen könnte. So einfach zumindest scheint es auf den ersten Blick. In Wirklichkeit gibt es jedoch tausend Gründe, weswegen die diesbezüglichen Schwierigkeiten doch um ein Vielfaches komplizierter sind.

Zunächst einmal habe ich zu einem Wecker allein kein Vertrauen. Als ich noch Kind war, versagte eines Morgens der Wecker meiner Eltern. Wäre nicht meine Mutter durch Zufall noch rechtzeitig von selbst aufgewacht und hätte sofort die übrige Familie geweckt, wären ich und meine Geschwister zu spät in die Schule und vor allem mein Vater zu spät zur Arbeit gekommen. Von diesem angsteinjagenden Ereignis wagten wir in der Folgezeit nie mehr offen zu sprechen, so schrecklich war es für uns alle gewesen. Ich glaube, durch Vorkommnisse dieser Art sind meine Eltern so früh alt geworden. Unsere Mutter verstand es aber immerhin, dieses Ereignis pädagogisch auszunutzen. Folgten wir Kinder einmal nicht, brauchte sie nur den ausgestreckten Zeigefinger hin und her zu bewegen und dabei „ticktack" zu sagen. Mehr bedurfte es nicht, um sich bei den Kindern unfehlbar Gehorsam zu verschaffen.

Aus dieser Zeit blieb mir mein Mißtrauen gegenüber Weckern. Ich schaffte mir daher einen zweiten Wecker an, den ich auf fünf Minuten früher einstellte als den ersten. Um auch der Gefahr, daß alle beide ausfielen, vorzubeugen, kaufte ich einen dritten und immer so fort, bis ich schließlich zehn von ihnen hatte. Finanziell belastete mich dies wenig, da der Staat ein Interesse daran hat, daß die Bürger rechtzeitig aufstehen, und daher dafür sorgt, daß ein gewöhnlicher Wecker billig ist.

Bei meinen zehn Weckern kalkulierte ich vorerst so: Es hatte keinen Sinn, sie alle auf sieben Uhr zu stellen, da doch einer den anderen überwachen sollte. Somit stellte ich jeden Wecker auf fünf Minuten später ein als den ihm vorangehenden. Daher konnte ich erst den letzten Wecker auf sieben Uhr stellen. Der neunte stand auf 6.55 Uhr, der achte auf 6.50 Uhr und so fort. Der erste schließlich auf 6.10 Uhr. Sollten also neun Wecker versagen, würde zumindest der zehnte mich noch pünktlich um 7.00 Uhr wecken. Dabei kam mir der Gedanke, daß ja auch der letzte Wecker nicht zuverlässiger war als die anderen. Folglich hätte ich mir noch einen elften, zwölften und noch immer mehr Wecker anschaffen müssen. Ich entschied jedoch, daß zehn Wecker genug seien. Man muß im Leben auch irgendwo einmal haltmachen können. Ich glaube, daß mich noch mehr Wecker als zehn nur verrückt machen würden. Ich muß eben einfach mit der Angst, am Morgen nicht rechtzeitig aufzuwachen, leben. Alle müssen wir das. Es wäre vermessen und unbescheiden von mir, als einziger keine Angst haben zu wollen, zu spät zur Arbeit zu kommen.

Da bisher noch nie einer der Wecker nicht funktioniert hat, werde ich also jeden Morgen um 6.10 Uhr geweckt. Dies führte mich zu einem neuen Problem.

Ich war nun schon wach, mußte aber erst in 50 Minuten das Bett verlassen. Da ich jeden Morgen sterbensmüde bin, sollte ich eigentlich dankbar dafür sein, mich noch 50 Minuten lang ausruhen zu können. Dies gelingt mir aber nie, da mir regelmäßig folgende Überlegung durch den Kopf geht: „Wenn nun der erste Wecker schon funktioniert hat, sinkt mathematisch gesehen für die anderen Wecker die Wahrscheinlichkeit des Funktionierens etwas herab. Bleibe ich nun im Bett, um mich auszuruhen, schlafe ich vielleicht wieder ein. Und wer garantiert mir dann dafür, daß ich wieder geweckt werde? Auch hat es keinen Sinn, den Wecker, der jetzt gerade gerasselt hat, auf sieben Uhr neu einzustellen, da ja ein Wecker den anderen durch das Mittel der zeitlich verschiedenen Abfolge überwachen soll. Ich darf also nicht wieder einschlafen."

Diese Überlegungen dauern für gewöhnlich so lange, bis der nächste Wecker rasselt. Dann kommt mir zu Bewußtsein, daß ich ein Narr bin, weil ich immer noch im Bett liege. Dadurch nämlich, daß ein weiterer Wecker funktioniert hat, ist für den Fall, daß ich einschlafe, die mathematische Wahrscheinlichkeit, nochmals geweckt zu werden, erneut gesunken. Obwohl ich todmüde bin, verlasse ich dann so schnell wie möglich das Bett. Ich sitze daraufhin irgendwo – im Winter bei künstlichem Licht und im Sommer bei durch die noch zugezogenen Vorhänge gedämpftem Tageslicht – und hoffe, meine entsetzliche Müdigkeit werde vergehen. Bis sieben Uhr rasselt dann alle fünf Minuten ein Wecker, und wenn der letzte seine Aufgabe erfüllt hat, ziehe ich mich an und frühstücke.

Das Problem meiner Müdigkeit jedoch bleibt. Ich habe die Erfahrung gemacht, daß die Müdigkeit im Laufe des Tages ganz von selbst etwas nachläßt. Ich erkläre mir dies dadurch, daß Müdigkeit unter anderem vom Im-Bett-Liegen kommt und daß man somit zwangsläufig, je länger man zeitlich vom letzten Aufenthalt im Bett getrennt ist, immer munterer wird. Ich habe mich darüber auch schon einmal mit meinen Arbeitskollegen unterhalten, und sie alle bestätigen meine Annahme.

Ich beschloß daher, den Wecker nicht auf sieben Uhr (d. h. den ersten auf 6.10 Uhr) zu stellen, sondern auf drei Uhr nachts (also 2.10 Uhr, was den ersten Wecker anbelangt). Durch diese Methode trennten mich nun zeitlich vom letzten Im-Bett-Liegen bis zum Arbeitsbeginn nicht mehr eine Stunde (wie das der Fall ist, wenn ich um sieben Uhr aufstehe), sondern fünf Stunden. Dies brachte eine große Verbesserung meiner Lage mit sich. Rechnet man nun noch die 50 Minuten Schutz- und Vorsichtszeit mit ein, die ich meinen zehn Weckern verdanke, komme ich auf ganze fünf Stunden und 50 Minuten. Diese entfernen mich bis Arbeitsbeginn von meinem Bett, und ich hätte nun eigentlich allen Grund, am Morgen munter in der Arbeit zu erscheinen. Man vergesse nicht, daß mich das frühe Aufstehen um drei Uhr außerdem noch von der Angst befreien müßte, zu verschlafen und deswegen zu spät zu kommen.

„Müßte", sage ich. Denn in Wirklichkeit geht die Rechnung nicht auf. Stehe ich nämlich schon um drei Uhr nachts auf, habe ich so wenig Schlaf bekommen, daß ich Angst habe, aus Müdigkeit wieder einzuschlafen und nicht mehr rechtzeitig aufzuwachen. Vor dieser Bedrohung könnte ich mich nur bewahren, indem ich weiterschliefe, um somit dem Schlafmangel entgegenzuwirken. Aber eben gerade dieses lange, unnütze Im-Bett-Liegen wollte ich ja vermeiden. Ich begann also mit rationalistisch-logischer Strenge zwei Formen von Müdigkeit zu unterscheiden: 1) Die Müdigkeit, die dadurch hervorgerufen ist, daß der Aufenthalt im Bett zeitlich noch zu nahe ist. 2) Die Müdigkeit, die auf Schlafmangel beruht. Die erste nannte ich einfach die „Bettmüdigkeit" und die zweite die „Schlafmüdigkeit". Diese Namensgebung schien mir sinnvoll, da die genannten Ausdrücke sowohl einfach als auch vielsagend sind. Mit ihnen lassen sich denkerische Operationen leicht durchführen. Und in meiner schwierigen Lage kommt es sehr auf richtiges Denken an.

Ich begann nun, mich nach meinem jeweiligen Bedürfnis richtend, mir entweder die eine Müdigkeit zu befriedigen und die andere dafür in Kauf zu nehmen, oder umgekehrt. Man kann sich vorstellen, daß ich weder auf die erstere noch auf die letztere Art zu einer Lösung meines Problems gelange. Immer muß ich mich entweder dem einen oder dem anderen Übel unterziehen. Dies hat dazu geführt, daß ich manchmal so verwirrt bin, daß ich zwischen doch von Natur so grundsätzlich verschiedenen Bewußtseinszuständen wie zwischen Schlafen und Wachen gar nicht mehr richtig unterscheiden kann. In meinen Träumen glaube ich oft, zu leben, und im Leben selbst fühle ich mich, als träumte ich.

So verbringe ich meine Nächte nie ganz wach, nie ganz schlafend, angsterfüllt in Träumen ringend und von zehn tickenden Weckern umgeben, von denen ich, da ich im Schlaf kein Zeitgefühl habe, immerzu annehme, daß der erste von ihnen in der nächsten Sekunde losrasseln wird. Das Rasseln aber erschreckt mich. Und da ich Angst vor diesem Schrecken habe, würde ich lieber schon kurz vor dem besagten Rasseln von selbst aufwachen. Aber dieser günstige Fall bleibt leider die Ausnahme. Rasselt der Wecker dann wirklich, will ich im ersten Augenblick aufgrund des mir zugefügten Schreckens erbost dem Wecker mit der geballten Faust einen Schlag auf den Kopf geben. Ich balle auch stets die Faust, hole mit Arm und Schulter weit aus und schlage dann mit aller Kraft in Richtung des rasselnden Weckers aus. Einige Zentimeter jedoch, bevor die Faust den Wecker erreicht, halte ich im letzten Augenblick inne. Mir fällt ein, daß ich meine Wecker pfleglich behandeln muß. Schlage ich sie, könnten sie Schaden nehmen und mich dann nicht mehr rechtzeitig wecken. Ich bremse also immer in letzter Sekunde den Schlag und tippe dann statt dessen mit der sensiblen Spitze meines Zeigefingers zärtlich auf den Ausschaltknopf. Ich stelle mir den Wecker dann wie einen Menschen vor und glaube, er müsse mir meiner Zärtlichkeit wegen gewogen bleiben und mich immer pünktlich wecken. Außerdem: Was beklage ich mich? Jedem Arbeiter in diesem Lande, ja sogar jedem kleinen Schulkind geht es schließlich genauso wie mir. Da wäre es doch kindisch und sogar verachtenswert, wenn ich mich über etwas beschwerte, womit sonst jeder zufrieden ist.

Ich weiß auch gar nicht, weswegen ich solche Angst habe, zu spät zur Arbeit zu kommen. Oder noch zutreffender formuliert: Ich weiß gar nicht,

wovor ich Angst habe. Davor, bestraft zu werden, wahrscheinlich. Aber auch dessen bin ich mir nicht sicher. Ich kam noch nie in meinem Leben zu spät zur Arbeit. Auch hat es sich bisher niemals ereignet, daß einer meiner Kollegen zu spät gekommen wäre. Aus eigener Erfahrung kann ich daher von einer Strafe nichts berichten. Ich weiß wirklich nicht einmal, ob man überhaupt bestraft wird, wenn man zu spät zur Arbeit kommt. Mir passierte dies nie, und in meinem ganzen Leben lernte ich keinen einzigen Menschen kennen, dem das je passiert wäre. Ich habe sogar ein Indiz dafür anzunehmen, daß man nicht bestraft wird. Zwar werden wir Arbeiter bei der Arbeit aus einer über und hinter uns an der Wand entlanggehenden Reihe von Glasfenstern beobachtet und überwacht. Aber ich glaube, daß auch den Aufsichtspersonen das Zuspätkommen eines Arbeiters, da es sich noch nie ereignet hat, eine so undenkbare Sache ist, daß sie sie als solche gar nicht erkennen könnten. Das vermute ich aber natürlich nur.

Schon als ich noch Kind war, habe ich nie mit meinen Eltern über das Zuspätkommen geredet. Ohne auch nur ein Wort darüber zu verlieren, war es jedem klar, daß man panische Angst davor haben und daher grundsätzlich pünktlich sein müsse. Worin aber nun eigentlich die Bedrohung bestand, d. h. wovor man für den Fall eines Zuspätkommens Angst haben müsse, war immerzu ganz und gar unbekannt. Trotz dieser Unkenntnis litt niemand unter dem in diesem Punkt bestehenden gänzlichen Mangel an Wissen. Man wußte ja auch nicht, wie der Turm aussah. Auch den hatte noch niemand gesehen. Und doch erhält die Hoffnung auf seine Fertigstellung unser aller Leben.

Da ich also nicht weiß, wovor ich Angst habe, wenn ich mir vorstelle, zu spät zur Arbeit zu kommen, wird es mir auch niemals gelingen, diese Angst beherrschen zu lernen. Diese, meine Angst hat nämlich kein Gesicht und keine Form. Sie ist somit nicht zu fassen, ist unvermeidbar und unbesiegbar. Sie zu beschwören, in ihrem Druck doch zumindest ein ganz klein wenig nachzulassen, ist sinnlos, denn man weiß ja nicht, was man da eigentlich beschwört. Somit sind alle diesbezüglichen Gebete wie unnütz ausgestoßene Luft. Man sieht nichts, man spürt nichts, und die Angst bleibt stets unverändert die gleiche.

Jeden Morgen nehme ich die Untergrundbahn zur Arbeit. Es ist noch immer fast der gleiche Weg und die gleiche Linie wie die, die ich schon als Kind zur Schule nahm. Wenn ich das Haus verlasse, ist auf den Straßen bereits so viel Verkehr, daß man sich als Fußgänger nicht mehr gefahrlos über sie wagen kann. Deshalb hat die Regierung unter jede größere Straße mehrere Fußgängerunterführungen bauen lassen. Jedoch jedesmal, wenn man über die Straße muß, ist die nächste Unterführung zu weit von einem entfernt. Man hat also die Wahl, entweder einen mühseligen Umweg zu machen oder das Risiko einer gefährlichen Straßenüberquerung zu tragen. Da ich von Natur aus ängstlich bin, neige ich mehr dazu, im Rahmen des Legalen zu bleiben und den Weg zur nächsten Unterführung nicht zu scheuen. Jeden Morgen nun, wenn ich das Haus verlasse, stehe ich wieder vor derselben Wahl. Die Bahnstation, wo ich einsteigen muß, befindet sich nur einige Straßen von meinem Wohnhaus entfernt. Hätte ich den Mut, sofort nach Verlassen des Gebäudes die große Straße direkt vor dem Ein- und Ausgang zu überqueren, würde ich mir eine erhebliche Wegstrecke ersparen. Aus Angst vor den Fahrzeugen wähle ich aber doch lieber die weiter abliegende Unterführung. Jedesmal vor der Haustüre müssen in mir erst zwei Ängste ihren Streit schlichten: diejenige, zu spät zur Arbeit zu kommen, und diejenige, überfahren zu werden. Ich verlasse zwar das Haus grundsätzlich früh genug, um sicher davon ausgehen zu können, rechtzeitig am Arbeitsplatz einzutreffen. Dennoch aber fühle ich mich, sobald ich nur zum Verlassen des Hauses die Klinke meiner Wohnungstüre in die Hand nehme, sofort in Eile. Ich kann es mir nicht erklären, aber ich habe solche Angst, zu spät zu kommen, daß ich mich so abhetze, daß ich dann jedesmal viel zu früh am Arbeitsplatz erscheine. Meinen Kollegen geht es nicht anders, und angesichts des über allem stehenden Turmbaus sind wir froh, am Morgen unsere Arbeit bereits einige Zeit vor ihrem eigentlichen Beginn in Angriff nehmen zu können.

Aber kehren wir zurück zu dem inneren Angstkonflikt, den ich jedesmal durchmache, sobald ich aus dem Inneren des Hauses auf den Gehsteig hinaustrete. Ich sage mir: „Wage es doch. Geh geradlinig hinüber. Du empfindest dann zwar eine kurze Angst. Auf der anderen Straßenseite aber wirst du für dieses kurze Negativgefühl dadurch belohnt, daß du viel Zeit gewonnen hast und gleich in die Untergrundbahn einsteigen kannst." Das klingt vorerst plausibel, und für gewöhnlich trete ich hierauf wirklich erst einmal frech bis an den Rand des Gehsteigs zur Straße hin. Aber dann sehe ich die riesigen, unendlich kraftvollen Fahrzeuge und erkenne, wie leicht es für jedes von ihnen wäre, mich zu zermalmen. Was? Nur um Zeit zu gewinnen und einen Teil der Angst vor dem Zuspätkommen zu verlieren, sollte ich mich dieser anderen, noch viel größeren Angst vor den riesigen, gigantischen Fahrzeugen aussetzen? Sie warteten doch alle nur darauf, mich zu erdrücken und platt zu walzen! Nein, da ist es schon noch besser, den längeren Weg nicht zu scheuen. Kaum aber habe ich einige Schritte in Richtung der Unterführung getan, erscheint mir doch die durch den langen Umweg erzeugte Angst als die drückendere. Dann bin ich wieder versucht, über die Straße zu gehen. Zwischen diesen beiden Möglichkeiten der Lösung meines Konflikts schwanke ich dann hin und her, bis ich endlich in unmittelbare Nähe der Unterführung gerate. Sodann bin ich endlich von meinem Zwiespalt befreit. Ich sage mir: „Jetzt, da ich der Sicherheit gewährenden Unterführung schon so nahe bin, wäre es unsinnig, die Gefahr der Straßenüberquerung auf mich zu nehmen. Der mögliche Gewinn einer solchen Tat steht nun in keinem Verhältnis mehr zum Risiko." Bis zu diesem Punkt ging ich zögernd im Zickzack bald an den die Straße begrenzenden Rand des Gehsteigs, bald so weit als möglich von der Fahrbahn weg an die Mauer des jeweiligen Gebäudes, vor dem ich mich gerade befand. Fortan aber beschleunige ich meine Schritte und werde zielbewußt. Mir fällt ein, daß ich in Eile bin, und da die Angst vor der Straße gegenstandslos geworden ist, erfüllt mich nun die Angst vor dem Zuspätkommen wieder umso mehr.

Ich würde gerne ganz geradeaus überall die kürzeste Strecke gehen. Leider bin ich nicht allein, sondern nur ein einzelner in einer riesigen Menschenmasse. Und da jeder dasselbe will wie ich, gelingt es schließlich keinem, und einer ist ständig gezwungen, dem anderen auszuweichen.

Ich gehe immerzu an Mauern entlang. Jede Kurve verläuft im rechten Winkel. Dabei kommt mir die beim Militär erhaltene Ausbildung zugute: „Linksum! Rechtsum!" Auf diese Weise nehme ich alle Kurven schnell und auf die denkbar rationellste Art. Auf einem Fuß stehend, drehe ich mich mit beeindruckender Leichtigkeit auf den Zehenspitzen um die eigene

Achse, und es ist ein erhebendes Gefühl zu spüren, daß das, was man einmal gelernt hat, einem immer wieder im späteren Leben zugute kommt.

An der letzten Biegung vor der Bahnstation heißt es: „Rechtsum!" Auch in ihr herrscht der rechte Winkel. Ich frage mich manchmal, wer eigentlich bei wem in die Schule ging: die Architekten bei den Militärs oder die Militärs bei den Architekten?

Hinein in einen Waggon der Untergrundbahn zu gelangen, ist leicht, sofern man nur nahe genug am Bahnsteig steht. Alle Menschen drängeln sich nämlich mit soviel stürmischer Willenskraft in die Wagons, daß man mitgerissen wird und gar nichts mehr dazutun muß, um gleichfalls hineinzugelangen. Im Inneren steht dann während der Fahrt einer dicht an den anderen gedrängt, und ich kann mich stets von neuem überzeugen, daß der Mensch fähig ist, von wenig Atemluft zu leben. Bräuchte er nämlich viel davon, käme niemand lebend wieder aus so einem übervollen Waggon heraus.

Dichtgedrängt zwischen den anderen leide ich darunter, daß ich es nicht verhindern kann, daß mein Genital gegen eine andere Person gedrückt wird. Gewiß, man ist nicht auf der Straße oder zu Hause. Was anderswo als unanständig gilt, ist hier vollkommen angebracht. Aber mein Empfinden kann bei diesem rein logischen Argument nicht mithalten. Dieser unvermeidliche körperliche Kontakt bleibt ein Problem für mich. Besonders schwierig ist es, wenn die mir am nächsten stehende Person ein kleines Schulkind ist. Sein Kopf befindet sich dann häufig genau in Höhe meiner Genitalien und wird mir gegen die Hoden gepreßt, was unter Umständen schmerzhaft ist. Sofern das Kind mit dem Rücken zu mir steht und bloß seinen Hinterkopf an mich lehnt, ist alles halb so schlimm. Wird mir aber sein Gesicht gegen Penis und Hoden gedrückt, habe ich Angst, das Kind könnte, unter dem Gestank meiner Genitalien leidend, mir die Hoden mit den Händen quetschen oder gar in sie hineinbeißen. Daher wasche ich mich an dieser Stelle meines Körpers sehr ausgiebig und halte allgemein die strengste Hygiene. Aber vollständig kriegt man den Geruch ja doch nie unter Kontrolle, und die Angst vor dem Biß eines Kindes bleibt somit bestehen. Was aber soll ich tun? Ich kann mir meine Genitalien zwar wegoperieren lassen. Aber dann könnte ich, wenn es einst Zeit zur

Familiengründung ist, keine Kinder mehr haben. Und welcher Mensch kann schon existieren, ohne wenigstens einmal im Leben die Erziehung, die er selbst erhalten hat, an zumindest ein eigenes Kind weiterzureichen? Davon lebt doch schließlich unsere ganze Kultur.

Als Kind nahm ich einst jeden Tag dieselbe Bahnstrecke wie heute. Nur war damals noch die Schule mein Ziel. Um zu meinem Arbeitsplatz zu gelangen, muß ich lediglich zwei Haltestellen weiter fahren. Dies betrachte ich als Symbol meines gesellschaftlichen Aufstiegs im Vergleich mit dem, was ich früher als Schüler sozial darstellte. Vielleicht werde ich sogar selbst am Arbeitsplatz einmal vorankommen und dann jeden Morgen noch ein paar Bahnstationen weiter fahren müssen. Für jetzt bin ich vorerst mit dem Erreichten zufrieden. Ich helfe an entscheidender Stelle mit, den Staat aufzubauen, und kann mich somit von unser aller Hoffnung auf den Turm gut nähren. Das ist schon etwas.

Ich gehe jeden Abend entweder in ein öffentliches Kino oder verbringe die Zeit in meiner Wohnung vor einem der zwar staatlich betriebenen, aber trotzdem privaten Kurzweil-Geräte. Dann flackern Lichter in meinem Gesicht, und ich mache auf meinem Sessel vor Entzücken kleine Sprünge. Als wisse der Staat, was mir guttut, haben die meisten Vorführungen Gewalt und Sexualität als Hauptthema. Es gibt bei jeder gezeigten Handlung immerzu Böse, die am Schluß besiegt werden, und Gute, die gegen Ende stets die Gewinner sind. Die staatlich gesteuerte Kurzweil ist somit eine Art „verdrehte Welt". Die Bürger unseres Staates (mich natürlich mit einbezogen) sind stolz auf ihre humanitären Grundsätze. Sie verachten die Feinde unseres Gemeinwesens, weil jene in diesem Punkt das krasse Gegenteil von uns sind. Im Bereich der Kurzweil jedoch erscheint Gewalt als die Tugend guter Menschen. Weiterhin verabscheuen wir Sexualität. Früher taten wir dies öffentlich und schimpften laut auf sie. Heute sind wir feiner geworden. Wir reden ganz neutral von ihr wie von einer alltäglichen Sache, setzen sie aber – von der begrenzten Anwendung zum Zwecke der Zeugung einmal abgesehen – kaum jemals in die Tat um. In der staatlichen Kurzweil jedoch erscheint die Sexualität als schön, erlaubt und sogar begehrenswert. Im Leben siegen die Bösen grundsätzlich über die Guten. In der staatlichen Kurzweil ist aber auch hier das Gegenteil der Fall.

Daher folge ich den in den Kurzweil-Geräten dargebrachten Vorführungen mit offenem Mund und weit aufgerissenen Augen. Ich lache hemmungslos, wenn es lustig ist, denn ich vertraue darauf, daß es auch wieder ernst wird. Und ich weine ebenso hemmungslos, wenn es traurig ist, denn ich weiß, daß es bald wieder heiterer wird. Meine eigene Welt ist verloren, und ich erlebe in der mir dargebrachten „verkehrten" Welt tausend Abenteuer. Von allen Personen der Partei der Guten suche ich mir die auf mich passendste heraus, identifiziere mich mit ihr und tue somit alles, was sie tut. Ich löse mich auf. Warum sollte ich denken? Es ist so beschwerlich, und außerdem wird es mir doch abgenommen. Warum sollte ich fühlen? Auch das Gefühl ist zu beschwerlich, und es wird mir ebenfalls abgenommen. Es ist nicht nötig, nach einem Urteil über Gut und Böse zu suchen, denn jede Entscheidung wird im voraus für mich getroffen.

Somit könnte ich also, berauscht und halb betäubt von der staatlichen Kurzweil, am Abend nach meiner Arbeit ein glückliches Leben führen. „Könnte", sage ich, und doch tritt dies niemals wirklich ein. Ab zehn Uhr belasten mich nämlich stets sich steigernde Gewissensbisse. Ich weiß, daß ich am anderen Morgen nicht ausgeschlafen sein werde, wenn ich mich jetzt nicht zu Bett begebe.

Nun mag man einwenden, daß dieser Konflikt ja leicht zu beenden wäre. Ich bräuchte nur das Kino zu verlassen oder das jeweilige Kurzweil-Gerät abzuschalten und mich zum Schlafen niederzulegen. So einfach aber ist das nicht. Nach einem mühevollen Tag sehnt man sich so sehr nach Entspannung, daß man, sofern man ihrer erst teilhaftig wird, sie nie wieder aufgeben möchte. Weiterhin ist Kurzweil spannend und mitreißend. Ich will immer das Ende der betreffenden Geschichte wissen und bringe es nicht fertig, mich mittendrin loszureißen. Und ist eine Episode zu Ende, freue ich mich auf die nächste und kann mich erneut nicht von den dargebrachten Vorführungen trennen.

Der Hauptgrund aber, weswegen ich nicht abbrechen und mich ins Bett legen kann, ist darin zu sehen, daß ich jedesmal, sobald die Kurzweil aussetzt, ein unerträgliches Gefühl der Leere empfinde. Irgend etwas fehlt mir dann. Es ist wie ein Nichts, vor dem ich mich fürchte. Meine eigene Welt habe ich ja längst verlassen und die der Kurzweil in mich aufgenommen.

Bricht nun die Kurzweil ab, befinde ich mich ohne Welt. Das bereitet mir große Schmerzen, und ich kann es während einer Pause immer gar nicht erwarten, bis die nächste Vorführung beginnt. Je länger ich aber die Welt der Kurzweil genieße und in sie eintauche, desto erdrückender ist das Gefühl der Leere, wenn sie plötzlich abbricht.

Einmal aber muß doch ein Ende sein, denn ich bin verpflichtet, am nächsten Tag zu arbeiten, und brauche meinen Schlaf. Stelle ich mir dann aber, in die Welt der Kurzweil versunken, mein Bett vor und sehe ich mich im Gedanken, wie ich vor dem Einschlafen meine zehn Wecker stelle, kann ich mich nicht überwinden, meinem Schlafbedürfnis Rechnung zu tragen. Es kam auch wirklich schon vor, daß ich ganze Nächte lang, von Kurzweil erfüllt, nicht schlief und am anderen Morgen noch müder als sonst bei der Arbeit eintraf. Und da ich schon an normalen Tagen so erschöpft bin, daß ich mich kaum aufrecht halten kann, frage ich mich, wie ich es zu solchen Zeiten überhaupt fertigbrachte, meine Pflicht zu erfüllen.

Ich weiß natürlich, wie widersprüchlich das alles ist. Der Staat macht dem Bürger das Geschenk der Kurzweil schließlich gerade in der Absicht, ihm eine Möglichkeit der Entspannung zu eröffnen, die dazu dient, seine Arbeitskraft zu erhalten und, wenn nötig, sogar wiederherzustellen. In keinem Fall aber soll sie beeinträchtigt oder geschmälert werden. Ich begreife mich daher selbst nicht. Zwar sprach ich mit meinen Kollegen über dieses Problem, und auch sie haben ähnliche Klagen, aber keiner weiß einen Rat.

Ich habe nun verschiedene Techniken entwickelt, um es dennoch fertigzubringen, mich nachts von der Kurzweil loszureißen. Zunächst versuche ich in den Kinos immer möglichst nahe an dem Luftrohr zu sitzen, durch das das Betäubungsgas in den Saal strömt. Ich atme es in tiefen Zügen ein. Das bringt den Vorteil mit sich, daß ich müde werde, was wiederum einen Gewinn für meinen Wunsch, mich ins Bett zu begeben, bedeutet. Das allein genügt aber nicht. Außerdem haben die meisten Leute denselben Gedanken, weswegen alle Plätze nahe der besagten Gasrohröffnung häufig schon besetzt sind. Der kritische Punkt ist der Übergang von der Kurzweil zum Bett. In diesem Moment genau ist das Gefühl der Leere normalerweise einfach nicht auszuhalten. Ich trinke daher bereits während der Kurzweil berauschende Flüssigkeiten. Dies wirkt dem bedrückenden

Gefühl der Leere auf zweierlei Weise entgegen: Erstens wird das Denken (und damit die Fähigkeit, die Leere wahrzunehmen) gehemmt. Zweitens erzeugt der durch diese Flüssigkeiten bedingte Rausch ein Gefühl der Fülle, das dem der Leere entgegenwirkt.

Ja, wenn ich es richtig anfange, geht das so weit, daß ich, schon im Bett angelangt, mich noch fühle, als sei ich im unmittelbaren Bann der Kurzweil. Selbst das Weckerstellen ist dann amüsant. Die durch das ständige „Ticktack" hervorgerufene Angst erscheint nicht mehr als bedrohlich, sondern als eine zur Lebensqualität notwendige, anregende Spannung.

Über die berauschenden Flüssigkeiten – sowenig ohne sie das Leben noch denkbar ist – muß man aber doch kritisch anmerken, daß sie unangenehme Begleiterscheinungen haben. Die wichtigste davon ist, daß man am anderen Morgen durch ihre Nachwirkungen müde ist. Gerade das, was durch sie erreicht werden sollte – nämlich guter Schlaf und Munterkeit – tritt also nicht ein. Vielmehr gerade das Gegenteil. Zudem wirken diese Flüssigkeiten bei ständigem Gebrauch gesundheitsschädlich und machen dumm, weil sie Teile des Gehirns absterben lassen.

Mit diesen Schwierigkeiten gut umgehen zu können, zeugt von der Fähigkeit zu wahrer Lebenskunst. Einerseits gilt es, das Gefühl der Leere zu bekämpfen und sich somit erfolgreich von der Kurzweil weg und bis in sein Bett durchschlagen zu können. Andererseits aber kommt es auch sehr darauf an, den Konsum der berauschenden Flüssigkeiten nicht zu übertreiben. Dieses Problem ist nie ganz zu lösen, und man wird immer den einen oder anderen Nachteil in Kauf nehmen müssen. Ja, die Priester haben schon recht mit ihrem Grundsatz: „Leben ist Leiden."

Ich kann nun aber nicht behaupten, daß ich der staatlichen Kurzweilvermittlung nicht auch sehr viel verdanke. Neben der Unterhaltung erfahre ich nämlich noch, welche Industrieerzeugnisse ich demnächst kaufen muß. Es ist schwer, hierin aus eigener Kraft den richtigen Weg zu finden. Daher bin ich für solche Informationen dankbar. Zufriedenheit und Heiterkeit kann in einem Industrieerzeugnis so unsichtbar verborgen sein, daß man weder das eine noch das andere darin vermuten würde, wäre man nicht von Anfang an darüber in Kenntnis gesetzt worden.

Auf demselben Wege teilt der Staat uns Bürgern auch alle sich auf der

Welt zutragenden, wissenswerten Dinge mit. Sobald wir die Neuigkeiten hören, fangen wir an, über sie zu streiten. Es bilden sich dabei regelmäßig untereinander verfeindete Gruppen.

Dabei weiß aber niemand ganz genau, was es mit diesen Mitteilungen an das Volk auf sich hat. Einige sagen, daß unser Staat von einem anderen Land beherrscht werde. Meine Eltern erzählten mir einmal, daß ihre Eltern Zeugen eines großen Krieges gewesen seien, den unser Land verloren habe. Seit dieser Zeit seien wir von einer fremden Macht beherrscht. Diese entscheide auch, was uns mitgeteilt werden solle und was nicht. Es ist also möglich, daß die staatlichen Nachrichten von dieser fremden Macht erarbeitet werden. Andere wieder nehmen an, daß die Menschen mit viel Geld sie entwerfen und an uns weitervermitteln. Und eine dritte Meinung geht dahin, daß vom Staat bezahlte, private Gesellschaften dies täten. Mir ist das alles ziemlich gleichgültig. Ob es sich nämlich so oder anders verhält, zählt nicht. Wichtig ist doch einzig, daß am richtigen Platz jemand darüber wacht, daß nur das zu uns durchdringt, was für uns gut zu wissen ist, und daß das von uns ferngehalten wird, was wir nicht wissen sollten. Und da ich überzeugt bin, daß diese grundsätzliche Bedingung erfüllt ist, nehme ich die Mitteilungen „von oben“ mit Liebe an. Es ist schön, beschützt in einer großen Gemeinschaft zu leben, die einen von allem Bösen fernhält. Denn unserer Natur ist nicht zu trauen, und nur als wohl integrierter Teil eines völlig naturfernen Ganzen kann man vor ihr sicher sein.

Ich zittere manchmal vor Angst, wenn ich mir überlege, was geschähe, falls man der Natur ihre Launen ließe. Schon ich allein habe soviel Böses in mir. Ich verspüre manchmal den Wunsch, jemanden zu töten oder eine Frau zu koitieren. Zur Arbeit würde ich nicht mehr gehen und ohne Wecker schlafen. Am Morgen aufwachen, wann es der Natur gefällt! Was für ein Gedanke! Dann schon lieber gleich tot sein.

Es ist spät, mein Gehirn versagt, und ich genieße die Freiheit, die durch das Schweigen aller Gefühle und Gedanken bewirkt wird. Auf der Straße vor meinem Fenster geht gerade viel Verkehr entlang. Sein Lärm ist so monoton, daß ich darüber einschlafen könnte. Aber um Himmels willen, nur das nicht! Ein Schlaf zur falschen Zeit, und all mein geregelter Tagesrhythmus wäre verloren. Nur schnell hin zur Kurzweil! Ihr lieben, lieben kleinen dafür vorgesehenen Geräte, wenn ich euch nicht hätte!

Zwischenkommentar des Archäologen

Wir hielten diesen Auszug aus dem Notizbuch eines Durchschnittsbürgers für besonders geeignet, ein klares Bild des täglichen Lebens des Staates Nous, wie es sich in der Endzeit darstellte, zu vermitteln.

Da wir in einer Epoche geschlechtlicher Gleichberechtigung leben, bietet es sich nun wie von selbst an, auf den Lebensbericht eines Mannes den einer Frau folgen zu lassen. Der nächste Text ist daher der Brief einer Ehefrau an ihre alte Mutter. Durch ihn gewinnen wir genaue Informationen darüber, wie sich das wirtschaftliche System des Staates Nous im Bereich der Familie darstellte und auswirkte.

Ein anderer, sehr wichtiger Vorzug des Textes besteht darin, daß uns ein klarer Einblick in die intime Gefühlswelt der damaligen Menschen ermöglicht wird. Durch das naturgemäß sehr vertrauens- und liebevolle Verhältnis, das zwischen Mutter und Tochter bestand, erhalten wir Aufschluß über die wirkliche Natur menschlichen Zusammenlebens in Nous. Die Verfasserin des Briefes schildert in der Tat Einzelheiten, die sie wohl niemand anderem als ihrer geliebten Mutter anvertraut hätte.

An einer Stelle im Text wird in Zusammenhang mit der Notwendigkeit, seine Wohnung zu heizen, auf winterliche Kälte hingewiesen. Hierzu sei erwähnt, daß nach unserem Ermessen in Nous zur Zeit der Abfassung des betreffenden Briefes ein mitteleuropäisches Kontinentalklima mit kalten, feuchten Wintern und heißen, trockenen Sommern herrschte. Es ist daher nur natürlich, daß winterliche Kälte, wie auch wir sie kennen, den Bürgern von Nous vertraut war.

Weitere spezielle Anspielungen oder Unverständlichkeiten enthält der Brief unseres Erachtens nicht. Der Text ist ungekürzt in der Integralversion wiedergegeben.

Die Ehefrau

Berberes, den 3. Tag des 9. Mondes
Im Jahre 3559 nach Entdeckung der Beherrschung des Feuers

Allerliebste Mama,
Du glaubst gar nicht, wie froh ich bin, Dir nun endlich schreiben zu können. Früher kam ich einfach nicht dazu. Du weißt, wie das so geht: Die große alljährliche Arbeitspause verbrachte ich mit meinem Mann und den Kindern in den Lustgärten zwischen Euphrat und Tigris. Der Ansturm nach dorthin ist zu groß und die Zeit zu kurz, um richtig zu neuen Kräften zu kommen. Ebensogut könnte man die ganze Arbeitspause auch bleiben lassen, aber es ist besser, immer alles mitzumachen, und ich will nicht klüger sein als alle anderen Ehefrauen.

Die staatlichen Fremdenführer hetzten uns in ihrem Bemühen, uns möglichst viele sehenswerte Stätten zu zeigen, so schnell von einem Ort zum anderen, daß wir die ganze Zeit über kaum Luft holen konnten. Und das Ganze nun auch noch mit zwei kleinen Kindern! Du kannst Dir vorstellen, wie das ist. (D. h., jetzt wo auch der Kleine schon in die Schule geht, kann man sie als so sehr klein eigentlich gar nicht mehr bezeichnen.)

Ja, ich weiß, daß Du es Dir wirklich vorstellen kannst, denn Dir ging es in meinem Alter mit mir und meinen zwei Brüdern auch nicht anders.

Wie also hätte ich Dir von da schreiben sollen? Zudem – ich hoffe, Du kannst es mir verzeihen – hatte ich in all der Aufregung auch noch den Zettel mit Deiner Adresse vergessen. Ich wußte natürlich Deinen Namen auswendig, auch die Stadt und das Viertel. Bei der Hausnummer war ich mir jedoch nicht mehr ganz sicher. Und den Straßennamen, nein, an den vermochte ich mich beim besten Willen nicht mehr zu entsinnen. In Deinem Viertel haben alle Straßen so unmögliche Namen! Und ich kann doch nicht einfach Deinen Namen und den der Stadt auf einen Briefumschlag schreiben und dann hinzusetzen: „wohnhaft im Altersheim des Vieu-Viertels". Das geht doch wirklich nicht.

Das heißt, es wäre vielleicht gegangen, und jeden anderen Brief, der nicht an Dich gerichtet wäre, hätte ich auch auf das Risiko, daß er vielleicht nicht ankommt, so abgeschickt. Aber liebste Mama, ein Brief an Dich enthält immer so viele intime Bekenntnisse, daß es mir unmöglich ist, die Vorstellung zu ertragen, er geriete in falsche Hände. Nein, so zahlreiche Stellen in meinen Briefen sind nur für Dich bestimmt, und niemand sonst darf von ihnen wissen.

Warum auch mußt Du so weit weg in dem dummen Altersheim sein? Ich würde Dich gerne bei mir haben. Dein ständiger Rat wäre mir eine große Hilfe. Aber Du weißt ja, warum es nicht geht. Ich lebe eben nun mit meinem Mann, und so ist es eben.

Aber zurück zu vorhin! Als wir aus den Lustgärten heimkamen, war auch erst überall soviel zu tun. Die Wohnung mußte geputzt und einige andere, längst überfällige Arbeiten erledigt werden.

Nun aber ist das geschehen, die Kinder gehen wieder zur Schule und mein Mann zur Arbeit. Daher verfüge ich jetzt über etwas freie Zeit, und ich habe mir vorgenommen, ab sofort eine Woche lang jeden Vormittag eine Stunde darauf zu verwenden, Dir diesen langen Brief hier zu schreiben. Freust Du Dich?

Mein Mann arbeitet immer noch an derselben landwirtschaftlichen Produktionsstätte. Gleich all seinen Kollegen erhält er dort einmal die Woche große Mengen verbilligter Nahrungsmittel. Wenn er dann hier damit ankommt, weiß ich manchmal gar nicht, wohin mit den vielen Sachen. Daher lagere ich sie in einem Eck zwischen, das ich die „Speisekammer" nenne. Somit zaubere ich auf sprachlichem Wege dort ein Zimmer hin, wo keines ist.

Die richtige Wahl für den Depotort zu treffen, ist in diesem Fall aber gar nicht einfach. Auf der einen Seite des Wohnzimmers befindet sich nämlich der große Ofen, der den ganzen Raum heizt. Ich würde nun gerne alle Essensvorräte an der Wand direkt gegenüber dem Ofen aufhäufen. Das Leben ist hart, und was gäbe es Schöneres, als wenn die ganze Familie sich am Abend dicht zusammengedrängt an den Ofen schmiegt und ausruht? Beschützt vor allem Leiden, könnten wir, einander im Warmen in den Armen haltend, zu einem Berg von Nahrungsmitteln aufblicken und immer wieder sagen: „Seht all das und spürt die Wärme! Für uns gibt es keine Not!“ Natürlich gäbe es noch immer Not, aber wir könnten uns zumindest ab und zu eine kurze Stunde der Illusion hingeben, daß sie für uns zumindest gerade in diesem Augenblick nicht mehr existiere.

Das ist mein liebster Traum. Aber ach, das alles bleibt ein Traum! Die Lebensmittel müssen kühl gelagert werden, damit sie genießbar bleiben. Was mich und die Kinder anbelangt, wir würden es schon in Kauf nehmen, wenn die eine oder andere Nahrung einmal ein wenig ranzig schmeckte. Mein Mann aber kann das auf den Tod nicht ausstehen. „Den ganzen Tag schufte ich“, schimpft er dann, „und ruiniere sogar meine Gesundheit, und jetzt bekomme ich nicht einmal etwas Genießbares zu essen!“ Er hat ja auch recht. Einmal die Woche bringt er soviel Nahrung nach Hause. Da bin ich es ihm schon schuldig, daß er auch selbst ein wenig davon profitiert.

Ich kann unser Lebensmitteldepot also nicht dem Ofen gegenüber einrichten. Ich lagere die Lebensmittel somit in der kalten Vorratskammer ein. Es ist unangenehm, sich dort aufzuhalten. Gern weile ich vor unserem Berg von Lebensmitteln und hätte Lust, mich dabei angenehmen Träumen hinzugeben. Aber soweit kommt es nie. Mir wird immer sofort kalt. Und selbst wenn ich schützend die Arme vor meinen Brüsten kreuze, muß ich mich doch bald wieder entfernen. So also sehe ich unsere Lebensmittel stets nur den kurzen Augenblick, den ich benötige, um das, was wir gerade essen wollen, aus dem Haufen zu holen. Kaum habe ich es gefunden, mache ich mich schnell und fröstelnd davon.

Diese ganze Idee mit dem Kuscheln vor dem Ofen gegenüber den Lebensmitteln ist ohnehin kindisch. Jeder von uns vieren, Kras, mein Mann, Bria, meine Tochter, und Ers, mein Sohn, lebt im Grunde für sich allein. Jetzt, wo endlich auch der Jüngste in die Schule geht, kann ich die letzte Hoffnung fahren lassen, mit einem aus meiner Familie eins zu werden. Jeder steht aktiv im Leben, und da zählt eben nur die Devise: „Lasse ich dich nicht hinter mir, läßt du mich hinter dir.“ Der Druck, der auf uns lastet, ist also schon von Anfang an so hoch, daß man ohnehin jeden Augenblick damit rechnen muß, unter ihm zusammenzubrechen. Wie sollte man da noch überflüssigerweise Zeit und Kraft opfern, um sich vor dem Ofen aneinanderzuschmiegen? Dies gilt besonders für uns Frauen. Aber

Du siehst, Mama, so unrealistisch und verträumt sind Mütter. Sehe ich manchmal in mein Inneres und erblicke dort die geheimen Wünsche, die ich meiner Familie gegenüber habe, erschrecke ich jedesmal so sehr, daß ich mir schwöre: „Nie soll es jemand wissen!" So also schweige ich, und die Behaglichkeit des Ofens und das lustvolle Hinsehen auf das Essen werden für mich und meine Familie ewig zwei getrennte Dinge bleiben.

Doch so ist es gar nicht gemeint, Mama. Ich beklage mich nicht. Ich weiß, auch Dir ging es nicht anders. Auch habe ich allen Grund, mit meinem Mann zufrieden zu sein. Ich weiß, wenn ich das sage, rühre ich an Deinen wunden Punkt. Nachdem ich die Heiratsschule nur beim zweiten Anlauf und selbst dann nur mit sehr schlechten Noten schaffte, warst Du überzeugt – und bist es vielleicht heute noch –, ich würde nie einen guten Mann kriegen. Mama, ich weiß, wie sehr Dich mein damaliges Versagen noch heute belastet. Ich verlange auch nicht, daß Du mich entschuldigst. Nur versuche mich bitte einmal ein ganz klein wenig zu verstehen.

Was heißt es denn, wenn der Staat gesetzlich vorschreibt, daß man erst eine öffentliche Heiratsschule absolvieren muß, bevor man die Erlaubnis erhält, sich zu verheiraten? Hast Du nie daran gedacht, wie erniedrigend es für eine Frau ist, wenn der Mann ihr vor der Ehe sagt: „Zeig mir einmal Dein Heiratsdiplom. Ich will sehen, ob du auch für mich geeignet bist." Und hast Du Dir je klargemacht, was es bedeutet, wenn die Frau dann nach Vorzeigen ihres Diploms gewissermaßen aus Rache für die Erniedrigung zu ihrem Mann dasselbe sagt und sich auf dieselbe Weise seiner staatlich geprüften Ehemannqualifikation versichert? Verstehe mich nicht falsch, Mama. Natürlich sehe ich ein, daß man nicht einfach je nach Laune kunterbunt durcheinander heiraten kann. Aber ich glaube, daß es auch andere, bessere und vor allem persönlichere Auswahlkriterien gibt. Alle Frauen sagen nur: „Hat er Geld, arbeitet er ordentlich, weiß er sich gut zu benehmen, und hat der Staat ihm das schriftlich bestätigt, so kann ich ihn auch heiraten und mit ihm Kinder haben." Ich vermag verstandesmäßig ein solches Argument nicht zu kritisieren. Es erscheint ja bündig und einleuchtend. Aber irgend etwas in meinem Gefühl sträubt sich dagegen, und ich kann nicht sagen was. Ja, ja, Mama, ich höre Dich schon, wie Du jetzt bemutternd sagst: „Ach, meine Kleine, Du bist ein großes Kind, das nie erwachsen wird", und ich glaube Dir das sogar, da ich absolut nicht weiß, wie ich es widerlegen könnte.

Aber schau! Was ist das für ein Verfahren, wenn man in der Heiratsschule die Antwort auf gewisse Fragen wörtlich auswendig lernen muß? Da heißt es dann am Prüfungstag: „Was ist der Staat?" Antwort: „Die Gemeinschaft der Menschen zum Zwecke der Glückseligkeit." – „Was ist die Ehe?" Antwort: „Die Verbindung zweier Menschen verschiedenen Geschlechts zum Zwecke der besseren Integration in den Staat." – „Was ist oberstes Ziel der Ehe?" Antwort: „Kinder zu zeugen und sie durch gute Erziehung zu guten Staatsbürgern zu machen."

Mama, bitte glaube mir, ich habe all diese Grundsätze immer befolgt, und mir würde es nicht auch nur einmal in den Sinn kommen, hierin anders zu denken. Aber eben gerade deswegen ist es so verletzend, in solcher Weise mechanisch Antwort geben zu müssen. Warum denn beherzige ich diese Grundsätze? Doch nur, weil ich selber nach ihnen erzogen wurde. Daher sind sie mir heilig, und ich kann gar nicht anders, als sie unmittelbar an meine Kinder weiterzugeben. Und nur davon lebt doch unsere ganze Kultur. Wenn ich aber nun solche Antworten geben muß, dann kommt es mir vor, als hielte man mich für fähig, meine Kinder einmal anders zu behandeln, als ich von Dir behandelt worden bin. Und das eben ist doch eine völlige Unmöglichkeit. Wofür also dieses Frage-und-Antwort-Spiel? Ja, wofür die ganze Heiratsschule?

Du, Mama, Du warst und bist meine Heiratsschule. Alles, was ich mit meinen Kindern tue, unternehme ich, weil Du es einst mit mir so gemacht hast. Stellt der Zwang, die staatliche Heiratsschule zu durchlaufen, daher nicht einen Angriff auf Deine Würde als Mutter dar? Und glaubst Du, daß unsere Kultur deswegen fortbesteht, weil die Menschen das, was sie auf der Heiratsschule gelernt haben, in die Tat umsetzen? Oh nein! So ist das gewiß nicht. Unsere Kultur lebt davon, daß eine Generation gar nicht anders kann, als in einer Art Wiederholungszwang der nächsten genau das weiterzureichen, was ihr selbst übergeben worden ist. Du wirst nun einwenden: „Aber wieso macht unsere Kultur dann Fortschritte und Veränderungen durch?" Darauf könnte ich erst einmal antworten, daß sich unsere Kultur in ihren Grundzügen sowieso seit Jahrhunderten nie geändert hat. Soweit aber will ich gar nicht gehen, denn auch ich bestreite nicht, daß ein gewisser Fortschritt sichtbar ist. Dieser aber kommt nicht von den Heiratsschulen, sondern von einer besonderen Eigenart des oben erwähnten Wiederholungszwangs. Dieser hat nämlich die Eigenschaft, nicht nur bereits Vorhandenes zu konservieren, sondern sogar auch noch immer über seinen letzten Stand hinauszuwachsen. Das Erreichte verradikalisiert sich somit von einer Generation zur anderen. Unsere Kultur bekommt daher ein immer klareres Gesicht und treibt mit stets wachsender Geschwindigkeit seiner eigentlichen und letzten Bestimmung entgegen. Und nun gib es doch einmal zu, Mama: Dieser Entwicklungsprozeß kommt doch nicht von den Heiratsschulen!

Schau doch einmal als Beispiel nur uns beide an! An Deiner Seite hatte ich eine wahrhaft glückliche Kindheit. Immer durfte, ja mußte ich sogar für Dich dasein. Wenn Vater wieder böse mit Dir gewesen war, nahm ich Dich in den Arm, und Du konntest Dich bei mir ausweinen. (D. h., damals war ich noch viel zu klein, und eigentlich hieltest Du mich im Arm. Aber das tut nichts zur Sache.) Wenn Du klagtest, schwieg ich still und sah aufmerksam zu Dir auf. Jedes auch noch so kleine Deiner Bedürfnisse spürte ich dann sofort und war jederzeit bereit, mein Leben hinzugeben, es zu befriedigen. Du brauchtest mich nie zu beachten – und hast das ja auch nie getan –, denn ich beachtete ja immer Dich. Ich weiß noch, wie Du damals Deine schwere Krankheit hattest. Stuhl und Harn hast Du unter Dir gelassen, und ich legte Dich liebevoll trocken, ohne eine Miene zu verziehen. Mit dem Löffel fütterte ich Dich, wenn Dir danach war, und alle Nächte hindurch wachte ich an Deinem Bett. Wenn Du dann lächeltest, nahm ich Dich in den Arm. Ich hätte weinen können und tat es auch. Aber nur nachher heimlich auf der Toilette, denn ich wollte Dich nicht mit meinen Tränen belasten oder gar erschrecken. Ja, es waren glückliche Zeiten.

Und nun sage, Mama, wie sollte ich mit meinen Kindern nicht ebenso verfahren wie Du mit mir, als ich noch Kind war? Ja, als meine zwei Schreihälse noch ganz klein waren, wußte ich freilich nichts mit ihnen anzufangen. Endlich bekam ich vom Stillen eine eitrige Brustentzündung und war dadurch zumindest – dem Schicksal sei Dank! – eine der unleidlichsten Verpflichtungen los. Doch dann, als die Kinder allmählich sprechen konnten, wurde es besser. Ich akzeptierte sie als Quelle des Trostes und der Stärkung. Nach einem mühevollen Tag war mir nichts angenehmer, als mich von meinen Kindern zur Entspannung umschmeicheln zu lassen.

Überhaupt geben sich mein Mann und ich alle erdenkliche Mühe, den Kindern eine gute Erziehung zu geben. Jede freie Minute widmen wir uns dieser Aufgabe. Die Kleinen kennen daher auch schon ganz genau jeden unserer Wünsche. Siehst Du, ich tue alles, um sie genauso zu erziehen, wie ich selbst als Kind von Dir erzogen wurde. Und wie ich oben ausführte, versuche ich sogar noch, Dich darin zu übertreffen. Auch ich hatte damals von meinen Wünschen keine Ahnung, da ich nur die Deinen sah. Und definieren wir doch einmal die ganze Angelegenheit ganz klar: Alle Erziehung heißt doch nur, das Kind so lange mit ihm fremden Bedürfnissen zu konfrontieren, bis es darüber seine eigenen so weit verdrängt, daß es zu guter Letzt nicht einmal mehr weiß, daß es welche gehabt hat. Und Kinder, die eine solche gute Erziehung genossen haben, werden, wenn sie einst selbst erwachsen sind, unfehlbar ihre Kinder auch wieder so erziehen. Das meinte ich, wenn ich weiter oben vom Wiederholungszwang sprach. Davon lebt und gedeiht unsere ganze Kultur. Und ist es nicht schön, mit anzusehen, wie sich auf diese Art Leben bildet und sich selbst immer wieder weiterreicht?

Ja, Mama! Ist schon gut. Ich sehe Dich vor mir und höre Dich sagen: „Das alles aber kann nicht darüber hinwegtäuschen, daß du auf der Heiratsschule schlecht warst und daher auch nur einen schlechten Mann bekommen konntest." Aber, Mama, ich versichere Dir, ganz so ist es nicht, wie Du glaubst. Natürlich bekam ich keinen anderen Mann als den, bei dem ich nun eben jetzt mal „gelandet" bin. Ich mußte in der Tat froh sein, mit einem so schlechten Heiratsdiplom überhaupt von jemandem genommen zu werden. Und bis heute weiß ich nicht einmal, welche Noten auf dem Heiratsdiplom meines Mannes stehen, da ich aufgrund meiner ach so schlechten Noten nicht den Mut besaß, mich nach den seinen zu erkundigen. Das ist auch nicht wichtig für mich, denn ich weiß ja, daß er zur Ehe taugt, und mehr verlange ich nicht.

Ich kenne Deine Einwände in bezug auf seine Person. Ich höre Dich ja heute noch ausrufen und laut klagen: „Wer kann der schon sein, wenn er eine mit so schlechten Heiratsnoten zur Frau nimmt?" Doch glaube mir, Mama, Du tust ihm Unrecht. Unsere Ehe ist nicht besser oder schlechter als jede andere auch.

Jedesmal, wenn mein Mann am Abend von der Arbeit nach Hause kommt, ist er müde und bedarf unser aller Hilfe. Wir wagen es nicht, sie ihm vorzuenthalten, denn seine Arbeitskraft muß bis zum Morgen wiederhergestellt sein. Daher ist der Vater eine Art Fremdkörper in der Familie. Niemand weiß, was er tagsüber macht. In dieser Zeit existiert er nicht für uns. Und tritt er dann mit einem Mal in Erscheinung, fordert er nur immer von uns Aufmerksamkeit für sich, schenkt uns aber nicht die geringste. Da er doch wohl irgendeine Ahnung von der schwachen, abhängigen Stellung besitzt, die er in unserer Mitte hat, versucht er uns durch Klagen einzuschüchtern. „Ach, lange halt' ich das nicht mehr aus! Lange kann ich das nicht mehr mitmachen!" ruft er dann aus, und auf Bria macht das einen so starken Eindruck, daß sie ihm ihren kleinen Körper darreicht und sich auf seinem Schoß sitzend von ihm umarmen läßt. Dann weint er manchmal sogar, ist danach aber zumindest getröstet.

Er redet aber niemanden direkt an und läßt sich auch von niemandem ansprechen. Wollen die Kinder etwas über ihn wissen, fragen sie mich. Jeden Abend muß ich ihrer Wißbegierde Rede und Antwort stehen: „Wie geht es dem Vater? Wo war er denn heute? Von wo kommt er denn jetzt her?" Ers sagt dann auch häufig traurig: „Ach, ich werde nie groß und erwachsen. Ich werde nie so sein wie Papa." Ich tröste ihn dann und sage: „Keine Angst, mein Kleiner. Warte nur noch ein paar Jahre, dann wirst du genauso sein, wie Papa jetzt ist." Er gibt sich dann auch mit meiner Erklärung zufrieden und ist den Abend über ruhig. Doch schon am Tag darauf, sobald der Vater am Abend die Wohnung betritt, hört man von ihm wieder dieselbe Klage.

Früher war ich den eindringlichen Fragen der Kinder gegenüber immer sehr hilflos. Ich weiß ja auch nicht mehr als sie, und den Vater selbst kann auch ich nicht fragen. Daher bin ich glücklich, daß die Kinder nun schon die nötige Reife besitzen, meine Not in diesem Punkt zu spüren und mir nur noch dieselben, stets gleichbleibenden Fragen stellen, auf die ich dann ebenso nichtssagende, gleichbleibende Antworten gebe.

Mein Mann ißt, nachdem ihn Bria halbwegs getröstet hat, zu Abend. Danach bleibt er starren Blickes vor einem der Kurzweil-Geräte sitzen. Er wirkt dabei völlig leblos, wie ein Stein. Zuckten nicht ab und zu in spannenden Kurzweil-Momenten seine Augen ein wenig, würde man ihn für tot halten. Ich befehle dann beizeiten den Kindern, ins Bett zu gehen. Bria ist immer sehr bemüht um den Vater und gehorcht nur dann aufs Wort, wenn sie den Eindruck hat, daß gut für ihn gesorgt ist. Daher habe ich mir angewöhnt, den Befehl zum Schlafengehen immer neben meinem Mann sitzend auszusprechen. Bria sieht dann, daß jemand da ist, um auf den Vater aufzupassen. Kaum sind die beiden Kinder in ihrem Zimmer verschwunden, kann ich die Heuchelei aufgeben und meinen Mann wieder sich selbst überlassen. Er schläft dann für gewöhnlich bald von selbst ein, und ich muß ihn ins Bett bringen. Das ist jedesmal von neuem schwierig. Ich würde ihn ja gerne, damit sein Schlaf nicht gestört werde, in unser Bett tragen. Dafür ist er aber zu schwer. Eine weitere Möglichkeit wäre natürlich, einfach eine Decke über ihn zu breiten und ihn, ausgestreckt und halb liegend, wie er schon ist, auf seinem Platz zu belassen. Einige Male habe ich das auch schon getan. Für mich ist das selbstverständlich die bequemste Lösung. Dann habe ich das breite Ehebett für mich allein und werde in meiner Ruhe nicht durch ihn gestört.

Er scheint aber halb liegend im Wohnzimmer doch viel unruhiger zu schlafen als im Bett. Und ich wäre eine schlechte Ehefrau, wenn mir die Güte seines Schlafs nicht mehr wert wäre als der Vorteil, ungestört in meinem Bett ruhen zu können. Es bleibt mir daher – wie sehr ich auch hin und her überlege – doch nichts anderes übrig, als ihn zu wecken, da ich ihn auf keine Weise aus eigener Kraft vom Wohnzimmer bis ins Bett schaffen kann.

Ach, Mama, was glaubst Du, was mir in dieser Sache alles schon durch den Kopf ging, wie erfinderisch ich war und wie wenig Erfolg ich mit all meinen Experimenten hatte? Einmal legte ich ihn in den Kinderwagen, in dem ich einst Ers herumfuhr. Er war aber zu schwer für ihn, und der Wagen wäre zusammengebrochen, wenn ich ernsthaft versucht hätte, meinen

Mann in ihm vom Wohn- ins Schlafzimmer zu befördern. Glaube mir, es nützt alles nichts! Ich muß meinen Mann zu diesem Zweck wecken.

Das aber ist leichter gesagt als getan. Ich wage es nicht, ihn hart anzufassen, da er das als Gewalt betrachten und sich dann als Opfer fühlen könnte. Daher muß ich ihn sanft wecken. Doch Mama – im Vertrauen gesagt: Du weißt, wie Männer sind. Streichle ich ihn zärtlich wach, faßt er das falsch auf und glaubt, meinen Körper an sich zerren zu können. Vielleicht hält er mich im ersten Moment auch für Bria und nimmt deshalb so schonungslos Besitz von mir. Ich muß folglich immer bereit zur Flucht sein und Schutzabstand halten. Noch bevor er mich im Erwachen richtig ergriffen hat, entferne ich mich in einem großen Sprung und laufe in ein entferntes Zimmereck. Dann aber schließt er für gewöhnlich die Augen und schläft wieder ein. Tritt dieser Fall ein, habe ich nichts gewonnen und nur Energie verloren, die ich woanders gut brauchen könnte. Ich muß jeden Abend den ganzen unerfreulichen Vorgang viele Male wiederholen, und die ewigen Sprünge und Fluchten durch das ganze Zimmer zehren an meiner Kraft und Gesundheit. Dir ging es früher, soweit ich mich erinnere, mit meinem Vater ebenso, und Du verstehst daher, wovon ich spreche. Die Kunst besteht eben darin, den Mann so weit wachzurütteln, daß er aufsteht und sich ins Bett begibt, dabei aber doch so weit Abstand zu ihm zu halten, daß er einen nicht zu fassen bekommt.

Ist das nach vielen Versuchen endlich erreicht, steht er schlechtgelaunt und schlaftrunken endlich auf und begibt sich ins Bett. Dabei murmelt er unverständliche Flüche, und ich weiß nicht, ob er wegen der Störung seines Schlafes oder weil er mich nicht zu fassen gekriegt hat, so brummend ärgerlich ist.

Meist habe ich das Glück, daß ich ihm nur die Jacke von den Schultern streifen muß, er sich dann noch selbst bis zu Ende auszieht und gleich einschläft. Das ist aber nicht immer der Fall. Manchmal liegt er noch wach und starrt vor sich hin. Da ich mich nicht in seiner Gegenwart ausziehen will, muß ich mir dann allerlei Ausreden einfallen lassen, um dieser Peinlichkeit auszuweichen. Ich behaupte dann für gewöhnlich, ich hätte noch in der Küche zu tun. Wenn ich daraufhin aus dem Zimmer gehe, folgt er mir, im Bett halb aufrecht sitzend, mit den Augen, und sein

schweigender Blick scheint mir zuzurufen: „Geh nur! Ich werde warten. Ich kriege dich schon noch!“ Das macht mir solche Angst, daß ich mich dann lange nicht mehr zurück ins Schlafzimmer wage. Denn zum zweiten Mal eine passende Ausrede zu finden, wenn sein Augenpaar schon gierig auf mir ruht, erscheint mir fast unmöglich. Da alles nur eine Lüge und die Küche natürlich längst aufgeräumt ist, sitze ich dann für gewöhnlich lange bei künstlichem Licht zwischen Herd und Abwaschbecken. Mein einziger Zeitvertreib in solchen Augenblicken ist es, auf die Straße hinunterzublicken und sterben zu wollen. Aus Angst wage ich mich manchmal auch gar nicht mehr zurück und verbringe die Nacht im Wohnzimmer. Die dort befindliche Decke trägt schon so sehr den Geruch meines Mannes, daß ich dann häufig in unruhigen Angstträumen auffahre, weil ich wegen des Geruchs annehme, er sei da und umklammere mich.

Ach, Mama, ich schäme mich so, wenn ich Dir von solchen Dingen berichte. „Warum auch bist du auf der Heiratsschule nicht fleißiger gewesen? Dann wäre das jetzt alles anders!“ höre ich Dich sagen. Liebste Mama, bitte quäle mich nicht mit solchen Vorwürfen! Ich weiß, als ich Kind war, konnte ich über solche Dinge mit Dir nicht reden. Ich habe es aber, auch ohne je mit Dir davon gesprochen zu haben, nur allzugut gespürt, daß Du dieselben Qualen ausstandest wie die, unter denen ich leide. Wir haben – wie gesagt – nie darüber geredet, und ich will auch jetzt nicht, daß jemals zwischen uns Peinlichkeiten dieser Art zur Sprache kommen. Über diese Dinge schweigt doch überhaupt grundsätzlich jeder. Aber zumindest hier – bitte verbrenne diesen Brief, wenn er Dir schamlos erscheinen sollte! – will ich mein Leiden einmal niederschreiben, um mich zu erleichtern. Ich fordere wie immer nichts und erwarte auch keine Antwort von Dir. Nur bitte, bitte, Mama, erlaube mir, daß ich es mir einmal – nur ein einziges Mal – von der Seele schreibe! Es wird kein zweites Mal mehr vorkommen, und darüber zu sprechen (schon gar in Deiner Gegenwart), würde ich ohnehin niemals wagen.

Glaubst Du denn, daß ich mich wohler fühle, wenn sozusagen alles gutgeht, mein Mann todmüde ins Bett fällt und gleich einschläft? Oh nein, täusche Dich nicht! Nur weil ich in diesem Fall nicht regelrecht flüchten muß, geht es mir deswegen noch lange nicht besser. Ich schleiche mich dann in die Toilette, schließe mich dort ein, ziehe mir die Kleider aus und das Nachthemd an. Daraufhin lege ich mich neben meinen Mann; vorsichtig, um ihn ja nicht zu wecken. Ich lösche das Licht, und die lange Nacht beginnt. Wenn er schnarcht, müßte ich ärgerlich sein, weil ich dann nicht schlafen kann. Ich bin es aber nicht, da mein Ärger durch die Freude verdrängt wird, daß von meinem Mann momentan mit Gewißheit keine Gefahr droht. Doch er schnarcht leider viel zu selten. Er braucht sich nur zu bewegen, und schon bin ich wach. Und ach! Begehe ich dann von all der Anstrengung erschöpft doch den Fehler, einmal tief zu schlafen, wache ich plötzlich in seinen Armen auf. Dann stoße ich ihn mit beiden Händen von mir, und ein Schrei entweicht meiner Kehle. Mein Mann merkt entweder nichts davon, oder er nimmt an, ich hätte einen Alptraum. Jedenfalls läßt er mein Verhalten grundsätzlich unbeachtet. Dann liege ich möglichst weit von ihm entfernt auf der Bettkante und halte zitternd die Arme vor den Brüsten verschränkt. Szenen dieser Art lassen sich kaum auf Dauer vermeiden. Denn mein Mann hat die Tendenz, mir unbewußt im Schlaf immer näher zu kommen und mich endlich sogar in die Arme zu nehmen. Für gewöhnlich sorgt meine Angst dafür, daß ich nur leicht schlafe und dann meinen Mann, wenn er stückweise näherkommt, aus Reflex nach jeder seiner Bewegungen gleich wieder zurückstoße. Sein Geruch, die Haare auf Brust und Unterarmen, sein Bauch und seine starken Schultern – ich kann Dir nicht sagen, wie sehr ich mich vor alledem ekle! Ständig nur leicht zu schlafen, ist mir aber auf lange Sicht hin unmöglich. Einmal falle ich doch in tiefen Schlaf, und dann wache ich mit Schrecken in seinen Armen auf. Ich bekomme keine Luft, die Kehle schnürt es mir zu, und ich glaube, durch seine Umklammerung erdrückt zu werden. Seit Jahren verbringe ich jede Nacht unter dieser immerwährenden Bedrohung, die sich trotz aller Mühe auf Dauer nie völlig vermeiden läßt.

Genau wie es Dir schon ergangen ist, bin auch ich wegen meines schweren Lebens oft krank. Die Krankheiten nehmen jedes Jahr noch an Häufigkeit zu, und das Alter wird für mich daher früh kommen. Meine Kinder werden vielleicht noch nicht einmal die Mitte ihres Lebens erreicht haben, bis auch ich in ein Altersheim muß. Diese dauernde Erschöpfung, in der ich mich befinde, tut zwangsläufig ihre Wirkung. Ja, Mama, Du kennst das und verstehst mich.

Aber sag einmal ehrlich, so ganz unter uns Frauen: Niemand spricht darüber – aber es geht doch allen so, nicht wahr? Oder zumindest so ähnlich. Mit den meinen vergleichbare Schwierigkeiten hat doch jede Ehefrau. Habe ich nicht recht, Mama? Niemand gibt es offen zu oder redet gar darüber. So wie auch Du nicht darüber gesprochen hast und ich es Dir doch angemerkt habe, so nehme ich das gleiche in den gequälten Gesichtszügen einer jeden Ehefrau wahr. Oh ja, Leiden macht hellsichtig. Ich sehe, wo andere blind sind.

Aber wenn es jeder so geht (Dich mit eingeschlossen), wie hätte ich dann ein Recht zu klagen? Das ist wirklich dumm und kindisch von mir. Daher wiederhole ich noch einmal: Wenn die intimen Dinge in diesem Brief Dein Schamgefühl brüskieren, verbrenne einfach die betreffenden Seiten. Dazu hast Du ein volles Recht, und ich schwöre Dir, daß dergleichen nicht noch einmal vorkommen wird.

Ich muß jetzt Schluß machen, Mama. Die Kinder kommen gerade aus der Schule. Ich werde den Brief bald abschicken, damit Du ihn ebenso bald erhältst.

Es grüßt in innigster Zuneigung
Deine Dich liebende Tochter
Verax.

Zwischenkommentar des Archäologen

Nach dieser längeren Vorstellung der privaten Sphäre der Menschen von Nous kehren wir wieder zum öffentlichen Leben zurück. Der Staat Nous war, wie dies in den vorangegangenen Quellen bereits häufig angedeutet wurde, äußerst wehrhaft. Wir sind daher glücklich, kurze Zeit vor Ausarbeitung des hier vorliegenden Forschungsberichts noch zwei Schriftdokumente entdeckt zu haben, die über das Militär des Staates Nous hinlänglich Aufschluß erteilen.

Der erste Text stammt aus einem Buch, das – soweit sich dies erkennen ließ – offensichtlich von einem General verfaßt wurde. Leider war es nur schlecht erhalten, und wir können daher lediglich einen bruchstückhaften Ausschnitt daraus vorlegen. Trotz seiner Kürze geht aus diesem Fragment aber eindeutig hervor, in welcher „Bewußtseinskrise" sich das Militär in der Endzeit dieser Kultur befand.

Im Anschluß daran präsentieren wir den Brief eines Soldaten an seine Eltern. Aus ihm kann man mühelos die Methoden der militärischen Ausbildung, wie sie sich in Nous vollzog, herauslesen.

Unseres Erachtens beinhalten beide Quellen keine Verständnisschwierigkeiten. Eine Ausnahme bildet das durch eine Fußnote des Übersetzers näher erläuterte Wortspiel gleich zu Beginn des von dem General stammenden Texts.

Wir haben unser Schema, die Gesellschaft von Nous gewissermaßen „von oben nach unten" zu betrachten, auch hier wieder beibehalten. Zuerst kommt der General zu Wort und beschreibt die Grundlagen allen militärischen Denkens. Daraufhin wird am einfachen Soldaten gezeigt, wie sich diese Theorien in praxi darstellten.

Obwohl beide Quellen kein Datum tragen, ist es uns durch Radiokarbonuntersuchungen gelungen, die Zeit, aus der sie stammen, annähernd zu bestimmen. Sie wurden ungefähr in der gleichen Epoche, nicht lange vor dem Untergang von Nous, verfaßt.

Die Theorie des Generals

Wie das Wort schon sagt, ist es die Aufgabe eines Soldaten, für den Staat zu töten.* Das ausschlaggebende Kriterium, an dem man den Wert eines Soldaten messen kann, ist folglich der Grad seiner Begeisterung für die Idee des Tötens. Menschen, die er noch nie vorher in seinem Leben gesehen hat, muß er vorbehaltlos als seine Feinde betrachten und sie, soweit dies nur immer in seiner Macht steht, in möglichst großer Zahl und kurzer Zeit vom Leben zum Tode befördern. Seit jeher war es daher vorrangiges Ziel jedweder militärischen Ausbildung, den Soldaten so gründlich als möglich die Freude am Töten zu vermitteln.

Wenn die jungen Männer des Staates zu uns kommen, sind sie glücklicherweise schon nicht mehr roh und unordentlich, wie die Natur den Menschen ursprünglich schuf. Sie haben Elternhaus und Schule durchlaufen und von frühester Kindheit an in den staatlichen Kurzweil-Programmen Gewalt und Töten als eine erstrebenswerte und heldenhafte Sache vor Augen gestellt bekommen. Daher brauchen wir den bereits in die rechte Richtung gehenden Neigungen unserer jungen Männer nach ihrem Eintritt ins Soldatenleben sozusagen nur noch ein klein wenig aufzuhelfen. Die Erfahrung zeigt, daß sich bei fast allen von ihnen schon nach kurzer Zeit die Lust am Töten geradezu von selbst einstellt.

Dennoch kommt man nicht umhin zuzugeben, daß die Freude am Töten eine so wichtige Angelegenheit ist, daß sie nicht ohne gedankliche Grundlage bleiben darf.

Sie benötigt ein klar erkennbares weltanschauliches Fundament. Auch wenn unsere Soldaten dies nicht von uns fordern (ein Soldat hat ohnehin nur zu gehorchen und nichts zu fordern), sind wir es ihnen schuldig, das

---

* „Puretatuex“, das nousche Wort für „Soldat“, heißt wörtlich übersetzt „der für den Staat Tötende“. Die nousche Sprache ist voll von solchen anschaulichen Wortbildungen und erweist durch ihre Klarheit und Logik, daß das Volk, das sie einst benutzte, ohne jeden Zweifel hochkultiviert war. Leider gehen bei der Übersetzung Feinheiten dieser Art nur allzu häufig verloren (Anmerkung des Übersetzers).

Wesen des Militärischen auf einer logischen und unwiderlegbaren geistigen Grundlage aufzubauen.

Genau an diesem Punkt jedoch befinden wir uns gegenwärtig in einer Krise. Sie wurde hervorgerufen durch die Abschaffung der Blut-und-Boden-Ideologie.

Als diese Theorie noch Gültigkeit besaß, wußte jeder Soldat genau, warum er töten sollte. Die Heimat und die Eltern standen über allem, man war besser und wertvoller als alle anderen Menschen auf der Welt, und die übrigen Völker der Erde, die dies nicht einsehen wollten, mußte man selbstverständlich vernichten. So einfach, klar und leicht faßbar war die Welt, als die Blut-und-Boden-Ideologie noch Gültigkeit besaß. Dies waren schöne, ja geradezu paradiesische Zeiten.

In alten Chroniken können wir nachlesen, daß Veteranen, die einst unter dieser Ideologie in den Krieg gezogen waren, den Rest ihres Lebens damit verbrachten, mit ihren ehemaligen Kameraden zusammenzusitzen, sich über die langen Bärte zu streichen und von der Schönheit des Krieges und des Tötens zu schwärmen. Dieselben Chroniken berichten weiterhin, daß die Begeisterung dieser Veteranen für das im Krieg Erlebte manchmal sogar so weit gegangen war, daß diese Männer von Frau und Kindern verlassen wurden, weil die übrigen Familienangehörigen die ewig gleichen Kriegsgeschichten des Ehegatten bzw. Vaters nicht mehr ertragen konnten. Daran können wir Menschen der Gegenwart erkennen, von welch unübertreffbarer Leidenschaft für das Töten die Männer unseres Volkes zur Zeit der Blut-und-Boden-Ideologie einst erfüllt waren. Das Töten während des Krieges hatte ihnen solche Freude bereitet, daß sie bis an ihr Lebensende von nichts anderem mehr sprachen.

Wir Heutigen haben es in diesem Punkt schwerer. Wie gesagt, die Blut-und-Boden-Ideologie ist abgeschafft, und wir müssen uns die Frage stellen, durch welche Theorie wir die Forderung an die Soldaten, am Töten Freude zu haben, rechtfertigen können. Ich komme hiermit zum entscheidenden Punkt meiner Überlegungen. Meines Erachtens lautet die Antwort auf diese Frage: Alleiniger Grund allen Tötens ist die Schönheit des Tötens selbst.

Die neuen Waffen machen es möglich, innerhalb kurzer Zeit unsere verachtenswerten Feinde in großer Zahl zu töten. Und was gibt es Schöneres auf der Welt als riesige Berge von Leichen, die mit aufgequollenen Bäuchen von der Witterung weitgehend unabhängig langsam verwesen? Allein der dabei aufsteigende Geruch ist ein reines Versprechen von Lust und befriedigter Sinnlichkeit. Ein Soldat, der den harten Übungen seiner militärischen Ausbildung unterliegt, sollte sich die unermeßliche Schönheit solcher Leichenberge stets vor Augen halten. Dann wird er nicht nur mit Langmut, sondern sogar mit brennender Freude alle erdenklichen Strapazen auf sich nehmen, denn der Gedanke an die Schönheit des Tötens wird ihn tief in seiner Seele allzeit begleiten.

Natürlich gilt bei alledem der Satz: „Schönheit macht frei." Wir können daher, wenn wir diese Theorie zur Grundlage allen militärischen Denkens machen, sagen: Erst das Soldatsein macht den Menschen wahrhaft frei und führt ihn zur Vollkommenheit. Der Soldat, der sich an seiner Waffe erfreut und in unermeßlichen Scharen unsere Feinde vom Leben zum Tode befördert, gleicht einem glücklichen Kind, das sich selbstvergessen seinem Spiel hingibt. Er ist somit ganz frei und ein wahrhaftes Kind der Schönheit.

Ich bin daher überzeugt, daß wir für unsere gesamte militärische Ausbildung ein an sinnvoller Zweckmäßigkeit nicht mehr zu überbietendes Fundament gewonnen hätten, wenn wir diese Theorie zu ihrer Grundlage machen würden.

Der Brief des Soldaten

Liebe Eltern,

ich bedaure es sehr, daß ich Euch nicht schon früher schreiben konnte. Wenn ich bedenke, wie lange ich nichts von mir habe hören lassen, bekomme ich ein wahrhaft schlechtes Gewissen. Doch ich schwöre, daß bisher kein Tag vergangen ist, an dem ich nicht an Euch dachte und an dem ich mir nicht sagte: „Heute sollte ich noch einen Brief an meine Eltern schreiben."

Doch es kam trotzdem nie dazu. Ich bitte Euch aber, mir zu glauben, daß dies nur deswegen der Fall war, weil ich bis jetzt nicht die Zeit zum Schreiben gefunden habe. Auch dieser Brief hier wird wohl nicht so lang werden, wie ich dies gerne hätte, da sich an meiner Lage nichts geändert hat. Ich will Euch daher sogleich ohne weitere Umschweife berichten, was ich bisher beim Militär alles erlebt habe. Aus meinen Beschreibungen werdet Ihr leicht entnehmen können, warum mir keine Zeit zum Briefeschreiben blieb.

Ihr wißt, Soldaten sind zum Töten da und sonst zu nichts. Die Freude am Töten kommt jedoch nicht von ungefähr. Nein, sie muß gepflegt, genährt und aufgezogen werden, wie ein kleines, liebesbedürftiges Kind. Unser Vorgesetzter ließ uns daher jeden Tag unentwegt viele hundert Mal vor und um sich im Dreck hin und her kriechen. Dies ist eine ausgezeichnete Methode, um der natürlichen Trägheit der Menschen entgegenzuwirken und die Lust am Töten in ihnen zu erwecken. Ich kann von mir behaupten (und meinen Kameraden ging es nicht anders), daß ich bereits, nachdem ich das dritte Mal im Kreis um meinen Vorgesetzten im Dreck herumgekrochen war, anfing, mit wahrer Wollust vom Töten zu träumen. Ihr könnt euch vorstellen, liebe Eltern, in welche Stimmung von leidenschaftlicher Begeisterung für das Soldatentum wir alle gerieten, nachdem wir monatelang nichts anderes getan hatten, als bei jedem Wetter im Schlamm um unseren Vorgesetzten herumzukriechen. Ich versichere Euch, daß wir bald alle mit solcher Inbrunst vom Töten träumten, daß wir einen Feind, hätte man ihn in einem dieser Augenblicke vor uns hingestellt, innerhalb weniger Sekunden in tausend Stücke zerschnitten, zerschlagen und zertreten hätten.

Privatleben gibt es beim Militär nicht. Unser Vorgesetzter kommt uns in unseren Unterkünften besuchen, wann immer er den Wunsch dazu verspürt. Hat einer von uns das strenge Gebot der Sauberkeit und Ordnung nicht ausreichend erfüllt, beschimpft der Vorgesetzte ihn mit allerlei Worten, die im Alltagsleben kaum gebraucht werden und die ich hier der Kürze wegen nicht wiedergeben kann. Der betreffende Soldat bedankt sich dann höflich für die vom Vorgesetzten empfangene Wohltat, da das Soldatsein schließlich ein Teil der Erziehung zum ordentlichen Staatsbürger ist. Daher kommt es auch, daß alle jungen Männer kurz vor dem Erwachsenwerden eine militärische Ausbildung erhalten. Durch diese werden sie im späteren Leben ihren Frauen ein zartfühlender Ehemann und ihren Kindern ein zärtlicher Vater sein. Alles, was man mit uns tut, geschieht folglich zu unserem eigenen Besten, und es versteht sich von selbst, daß jeder die empfangenen Wohltaten in Demut und Bescheidenheit annimmt. Denn schließlich dienen alle uns zugedachten Behandlungen letztlich wieder dazu, unsere Freude am Töten zu steigern und zu festigen.

Ich glaubt gar nicht, liebe Eltern, was man beim Militär alles lernen kann. So viele Dinge, von denen ich früher nicht das geringste wußte, sind mir jetzt wohlbekannt. Ich will Euch das an einem besonders vielsagenden Beispiel erläutern:

Bei der Musterung muß sich jeder Soldat völlig nackt ausziehen, seinen Hintern in Richtung des untersuchenden Militärbeamten halten und sich tief nach vorne beugen. Daraufhin schiebt man ihm von hinten zwei Finger in den Anus, tastet an dieser Stelle eine Zeitlang in seinem Körper herum und entscheidet anschließend anhand dieser Untersuchung, welchem Tauglichkeitsgrad der betreffende Soldat zuzuordnen sei.

Ihr könnt Euch vorstellen, wie beeindruckend das für mich war. Ich erkannte sofort: Das Militär ist eine ganz neue und andere Welt als die, in der ich bisher lebte. Denn es ist wahrhaft erregend, wenn einem in eine intime Körperöffnung, die man selbst nicht einmal auch nur mit der Fingerspitze berühren würde, auf einmal zwei fremde Finger gleichzeitig geschoben werden.

Ich fragte mich, was das wohl zu bedeuten habe. Denn ich sehe natürlich ein, daß man die Herztöne eines Soldaten abhört und die Konstitution seines Körpers untersucht. Schließlich muß er erwiesenermaßen kräftig und in guter Gesundheit sein, um die mit der Idee des Tötens verbundene Leidenschaft in vollen Zügen ausleben zu können. Was jedoch ist der Grund für diese eigenartige Untersuchung, die man am nackten und tief vorgebeugten Soldaten vornimmt? Schließlich liegt es auf der Hand, daß sie über Kraft und Gesundheit der betreffenden Person nichts aussagen kann. Warum also steckte man uns allen zwei Finger in den Anus, und warum beurteilt man die zukünftigen Soldaten maßgeblich nach den Ergebnissen einer solchen Untersuchung?

Dieses Rätsel ließ mich nicht mehr los und beschäftigte mich so sehr, daß ich bald keinen meiner Kameraden oder Vorgesetzten mehr sehen konnte, ohne mir dabei vorzustellen, wie man auch ihm einst bei der Musterung zwei Finger in den Anus geschoben hatte.

Liebe Eltern, Ihr werdet mir vorwerfen, daß ich in diesem Punkt einer ganz unverständlichen Wißbegierde erlegen war und mich lieber um meine eigenen Angelegenheiten hätte kümmern sollen, anstatt unnütz Kraft durch das Stellen sinnloser Fragen zu vergeuden. Doch ich versichere Euch, daß mich keineswegs nur verachtenswerte Neugier getrieben hat, den Grund für diese geheimnisvolle Untersuchungsmethode herauszufinden. Ich war nämlich bei meinen wißbegierigen Fragen – der Fortgang meiner Erzählung wird dies zeigen – auf dem besten Weg, die Quelle aller wahren soldatischen Tugenden zu entdecken.

Denn hört nur, wie es mir gelang, dem Geheimnis schließlich erfolgreich auf die Spur zu kommen. Ihr wißt, daß es unter der Würde unserer Vorgesetzten ist, mit einem einfachen Soldaten zu sprechen. Eine Ausnahme bildet lediglich das Erteilen von Befehlen. Somit konnte ich niemanden, der zwangsläufig in das Geheimnis eingeweiht sein mußte, um es befragen. Daher hätte ich wohl bis heute das Rätsel nicht gelöst, wäre mir nicht ein glücklicher Zufall zu Hilfe gekommen.

Es ist Euch bekannt, liebe Eltern, daß wir Soldaten in riesigen Sälen eng zusammengedrängt untergebracht sind. Auch dieser Teil der uns zugedachten Behandlung dient dazu, in uns die Freude am Töten zu fördern.

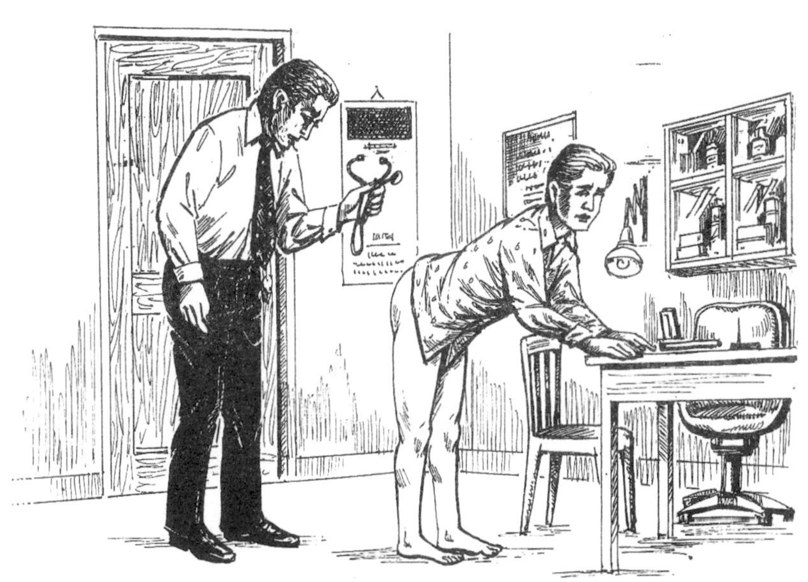

Gleich neben meinem Schlafplatz ist der eines Kameraden, dessen Vater General ist. Dieser Kamerad hat naturgemäß von seinem Vater viele Dinge gehört, die einem einfachen Soldaten nicht erklärt werden. Er wußte auch die Antwort auf meine Frage.

Hier kommt nun die Auflösung des Rätsels. Seid gespannt, liebe Eltern! Forscher, die für das Militär arbeiteten, haben vor langer Zeit im Bereich der medizinischen Wissenschaft eine Entdeckung gemacht, die aus Gründen der Geheimhaltung bis heute nicht an die Öffentlichkeit weitergegeben wurde. Nur die Militärs und alle hohen staatlichen Stellen wissen davon. Im Mastdarm gleich oberhalb des Anus befindet sich nämlich ein zweites Gehirn, das genauso, ja eigentlich noch wichtiger ist als das Gehirn in unserem Kopf. Es gibt nun Personen, deren geistige Regsamkeit mehr aus dem einen oder dem anderen Gehirn kommt. Kurz gesagt, könnte man das so ausdrücken:

Die Menschen unterteilen sich in solche, die hauptsächlich aus dem Kopf, und in andere, die überwiegend aus dem Hintern heraus denken. Zur letzten Kategorie gehören alle guten Soldaten, denn in dem Gehirn, das sich im Anus befindet, sind alle Tugenden gespeichert, die den guten Soldaten auszeichnen: Blinde Leidenschaft für das Töten, unbedingter Gehorsam gegenüber der Obrigkeit und absolute Befolgung des Gebots: „Du sollst nicht denken!“

Bei der Musterung tastet man einem also deswegen so lange mit zwei Fingern im Anus herum, weil man die genaue Größe und Leistungsfähigkeit des dortigen Gehirns erkunden will. Es versteht sich von selbst, daß, je besser ausgeprägt dieses Gehirn ist, der Soldat in eine desto höhere Klasse von Wehrtauglichkeit eingestuft wird. Ihr seht, liebe Eltern, was beim Militär zuerst absurd wirken mag, hat letztlich ganz einleuchtende, wohlfundierte medizinische Gründe.

Nun wißt ihr auch, nach welchen Kriterien unsere Vorgesetzten ausgewählt werden. Diese gelangen nämlich nur deswegen in den Genuß der Ehre, uns alle kommandieren zu dürfen, weil man bei ihrer Musterung feststellte, daß sie ausschließlich aus dem Hintern und nicht aus dem Kopf heraus denken. Daher werden die Vorgesetzten auch die „Oberen“ genannt, da sie von allen Menschen auf dieser Welt die oberste Intelligenz besitzen.

Es versteht sich von selbst, daß es einem leichtfällt, sich solchen würdigen und verdienstvollen Personen unterzuordnen.

Seit ich nun dieses Geheimnis gelüftet habe, kommen mir täglich neue Ideen zu diesem Thema. Ihr wißt, daß die Tugenden eines Soldaten genaugenommen nur die eines gut erzogenen Bürgers sind. Im Falle des Bürgers tritt dies lediglich nicht so deutlich hervor, da ein Soldat in sehr kurzer Zeit ein unübertreffliches Maß an Tugend unter Beweis stellen muß, während der Bürger lediglich an dem vom Staat vorgeschriebenen alltäglichen Leben fleißig teilzunehmen hat. Dieser rein äußerliche Unterschied ändert aber nichts an der Tatsache, daß der eine wie der andere die gleichen Tugenden besitzen und die gleichen Gebote befolgen muß. Ein wohlerzogener Bürger denkt daher gleich einem guten Soldaten nicht aus dem Kopf, sondern aus dem Hintern heraus. Daher kommt es auch, daß besonders gut erzogene Bürger, die wegen ihrer Verdienste um den Staat den Bürgerehrenorden erhalten, bei der Verleihung dieser Auszeichnung mit den Ehrennamen „Rückenbeuger“ oder „Hinternannäherer“ bedacht werden. Diese Bezeichnungen weisen auf die edle Art ihres Denkens hin. Und wahrhaft, es ist nicht genug, daß die Bürger unseres Staates vom ersten Tag ihres Lebens an dazu erzogen werden, diesen verdienstvollen Menschen gegenüber die höchste Achtung und den tiefsten Respekt zu zollen. Nein, Respekt allein genügt hier nicht! Diese Menschen sollten allen übrigen für heilig gelten. Eltern, die diesen Grundsatz vorbehaltlos zum Hauptpunkt für die Erziehung ihrer Kinder machen, sollte man einen Elternverdienstorden überreichen. Denn führt man die Menschen von frühester Kindheit an den rechten Weg, wird es dem Staat niemals an wohlerzogenen Bürgern und hervorragenden Soldaten mangeln. Nur dann können wir beruhigt und mit Stolz in die Zukunft blicken und sicher sein, daß unsere Feinde im Nachbarland niemals den Bau unseres Turmes bedrohen werden!

Stellt Ihr dies alles in Rechnung, liebe Eltern, werdet Ihr es kaum für möglich halten, daß es bei der Musterung doch tatsächlich einige Soldaten gab, die sich dadurch, daß sie sich völlig nackt ausziehen und sich zwei Finger in den Anus schieben lassen mußten, gedemütigt fühlten. Man möchte nicht glauben, daß unter uns Menschen existieren, die zu einem solchen Grad von krankhafter Denaturierung fähig sind. Ein Soldat kann sich gar nicht gedemütigt fühlen (das geht aus seinem Begriff hervor), denn ein Soldat ist die Demut selbst! Nein, wirklich, solche verblendeten Menschen scheinen all ihren Geist nur im Kopf und nicht im Hintern zu haben. Wie aber will man diese Entarteten für die Idee des Tötens begeistern? Ein Mensch, der ausschließlich und allein im Kopf denkt, kann kein Soldat sein, weil er niemals wahre Freude und Lust am Töten entwickeln wird. Denn vieles solches Denken ist der Todfeind des Militärischen. Wie ich aber eingangs schon sagte: Soldaten sind zum Töten da und sonst zu nichts. Ich bin daher der Ansicht, daß man diese kranken Menschen, denen zwei fremde Finger im Anus Anlaß geben, sich gedemütigt zu fühlen, aus unserer Gemeinschaft entfernen sollte. Wo sie sind, ist keine Zukunft. Unsere Feinde hätten uns schon längst ausgerottet, wenn es bei uns zu viele von diesen verachtenswerten Kreaturen gäbe. Glücklicherweise aber ist ihre Zahl sehr gering. Doch ich will hier nicht weiter von ihnen reden, denn sie sind das Papier nicht wert, das ich verbrauche, indem ich über sie schreibe.

Ja, liebe Eltern, Ihr seht, daß ich schon viel gelernt habe. Das Militär ist wirklich eine Welt, in der man sich, sofern dies nicht schon vorher ausreichend geschehen ist, nochmals auf das Leben als gut erzogener Bürger vorbereiten kann. Sollte einem zur Wohlerzogenheit auch nur noch das Geringste fehlen, erhält man es beim Militär nicht einmal, sondern tausendfach. Alle Fehler, die ein Mensch noch haben mag und die ihn daran hindern, ein guter Staatsbürger zu sein, werden hier vollends und für alle Zukunft korrigiert.

Liebe Eltern, Ihr glaubt nicht, wie leid es mir tut, aber es ist für mich an der Zeit, diesen Brief hier zu beenden. In wenigen Augenblicken muß ich antreten, um wieder zusammen mit meinen Kameraden im Dreck um meinen Vorgesetzten herumzukriechen.

Stellt euch nur die Ehre vor! Das letzte Mal machte ich hierbei meine Sache so gut, daß ich zum Abschluß der Übungen noch einmal ganz allein meinen Kameraden zum Vorbild um den Vorgesetzten herumkriechen durfte. Ihr glaubt nicht, wie stolz mich das macht!

Es grüßt Euch in Liebe
Euer Sohn
Imbecilars.

Zwischenkommentar des Archäologen

In den beiden vorangegangenen Quellen wurde das Militärwesen des Staates Nous so deutlich beschrieben, daß sich jeder weiterführende Kommentar erübrigt.

Die Thematik unseres Forschungsberichts verbleibt vorerst auch weiterhin im öffentlichen Leben. Sowohl meine Mitarbeiter als auch ich selbst haben es allzeit bedauert, daß wir bisher auf keine schriftliche Quelle gestoßen sind, die uns einen unmittelbaren Einblick in die tägliche politische Praxis von Nous gewährt. Dies verhält sich so, obwohl wir bei unseren Ausgrabungen auf ein Gebäude gestoßen sind, das von seiner Anlage her ein Parlament hätte sein können. In einem Raum dieses Gebäudes fanden wir eine große Anzahl von Schriftrollen, die aber leider in unleserlichem Zustand waren. Eine dieser Rollen jedoch war bei der Verschüttung des genannten Gebäudes durch einen glücklichen Zufall in einen kleinen abgeschlossenen Hohlraum geraten und dadurch erhalten geblieben.

Dieses Schriftstück ist aller Wahrscheinlichkeit nach in seiner Zeit nicht sehr wichtig gewesen. Aus seinem Inhalt geht hervor, daß es sich hierbei um eine Rede handelt, die ein Privatmann vor dem versammelten Parlament hielt. Diese Rede war allem Anschein nach eine Art mündlich vorgetragenes Bittgesuch.

Trotz der in seiner Zeit vermutlich bestehenden Belanglosigkeit dieses Schriftstücks beschlossen wir, es in unserer Sammlung ungekürzt wiederzugeben, da man aus ihm einiges Aufschlußreiche und Interessante über das Verhältnis des Staates Nous zu seinen südlichen Nachbarstaaten erfahren kann.

Der Kaufmann

Erleuchtete der Weisheit! Helden des Verstandes! Von göttlicher Einsicht Durchdrungene!

Niemals würde ein einfacher Kaufmann wie ich es wagen, Eurer ehrwürdigen Versammlung auch nur sein Gesicht zu zeigen, geschweige denn, offen zu ihr zu sprechen. Doch mein Gewissen und das Bewußtsein, daß das, was ich zu sagen habe, vielen Menschen unseres Staates Stunden und sogar ganze Lebensabende himmlischer Glückseligkeit bereiten könnte, zwingen mich, hier in tiefer Demut vor Euch zu stehen und in derselben Demut das Wort an Euch zu richten.

Geehrte Väter und legitime Führer von Volk und Bürgerschaft! Wenn Ihr an die armen südlich von uns gelegenen Länder denkt, welche hehren Gedanken durchziehen dann sogleich Euren Geist? Doch wohl vor allen anderen der Gedanke, der da lautet: „Süden heißt Sonne, Sand und Sex."

Was nun die Sonne und den Sand anbelangt, so sind dies von Gott kommende Geschenke, die der Mensch in seiner beschränkten Einsicht in Dankbarkeit annehmen, nicht aber verändern sollte. Der Sex hingegen ist etwas Menschliches, und dieser sollte und muß sogar unter Kontrolle gebracht und auf lange Sicht hin geplant und organisiert werden.

Ihr wißt es alle, Ihr Weisen, daß auf der Welt das Dunkle unter dem Hellen steht und die Finsternis gewissermaßen zu nichts anderem da ist als dazu, dem Licht zu dienen. Und da die Menschen des Südens dunkler sind als wir Menschen des Nordens, versteht es sich von selbst, daß diese dunklen Menschen des Südens dazu bestimmt sind, uns helle Menschen des Nordens zu bedienen. Arm ist der Süden, reich der Norden, und, ehrwürdige Erleuchtete, Ihr wißt, daß Gott die Welt so geschaffen hat, daß in ihr der Arme der Diener des Reichen sei. So sei es. In alle Ewigkeit! Anisotil.* Denn wer möchte es wagen, göttlicher Ordnung zu widersprechen?

Schon seit vielen Jahren ist der Süden für die Menschen unseres Staates

* „Anisotil" heißt wörtlich übersetzt: „So sei es!" und entspricht ungefähr unserem Wort „Amen".

eine Art riesige „Regenerationsanlage". Der Turm, an dem wir bauen, muß gebaut werden, und all das endlose Stöhnen und Ächzen, das diesen Bau begleitet, muß gelegentlich auch einmal vorübergehend aussetzen, damit es nachher mit erneuter Kraft nur um so stärker wieder beginnen kann.

Und wie Ihr wißt, erhabene Väter, ist es seit jeher eine übliche Verhaltensweise, daß die Bürger unseres Staates bei ihren Rekreationsaufenthalten im Süden die Menschen dieser Länder zu ihrer sexuellen Freude benutzen. Dies ist nun schon eine seit Jahrhunderten bestehende und jedermann wohlbekannte Sitte, und es bedarf hierüber keiner weiteren Worte. Wie gesagt, der Helle ist oben, der Dunkle unten, und der, der oben ist, gebraucht selbstverständlich den, der unten ist, zu seinem sexuellen Vergnügen. Gott in seiner Weisheit hat die Welt in dieser Art geschaffen. Und wer sind wir nichts wissenden Menschen, daß wir uns auch nur vorstellen, geschweige denn es wagen könnten, Gottes Schöpfung in Frage zu stellen?

Meine Rede handelt aber auch nicht von Süden und Sex als solchem. Denn darüber, Allwissende, wißt Ihr ohnedies alles. Nein, nicht von den sexuellen Vergnügungen des Südens will ich reden, sondern davon, wie diese Vergnügungen allen voran unserem eigenen Staat und letztlich sogar den armen Ländern des Südens helfen können.

Erweist mir also die Ehre, Väter des Volkes und der Weisheit, und habt die Geduld, mich anzuhören, denn hier nun kommt aus meinem Munde, was ich eigentlich sagen will und weswegen ich hier vor Euch stehe:

Seit jeher sind uns die alten, nicht mehr arbeitsfähigen Bürger unseres Staates eine unerträgliche Last. Nicht genug damit, daß ihre Anwesenheit unnütze Kosten auferlegt, der bloße Anblick dieser Nichtstuer ist zudem auch demoralisierend für die jüngeren Bürger, die nichts weiter wollen, als Tag und Nacht hart zu arbeiten, um den Turm zu vollenden. Die ehrwürdigen Greise und Greisinnen unseres Staates genießen aber gerade dadurch, daß sie am Turmbau nicht mehr aktiv mitwirken, die nötige Muße und Freiheit, sich wieder daran zu erinnern, daß es so etwas wie Sex gibt. Diese Rückerinnerung ist aber auch der Grund dafür, daß diese guten Greise in ihrem hohen Alter eine Art verjüngenden Frühling erleben. Viele von ihnen reisen in die Länder des Südens, um dort Sex mit kleinen Kindern zu haben. Und wer wollte dies den achtungsgebietenden Alten versagen? Haben sie nicht alles dafür geopfert, daß es uns einmal besser gehen solle als ihnen? Und seht nur, welch wunderschöne Welt sie uns hinterließen! Und was könnte es überhaupt Natürlicheres, Erhabeneres und Gottgewollteres geben, als ehrwürdige Greise, die im verwelkenden Herbst des Lebens Menschen zum sexuellen Vergnügen gebrauchen, die sich selbst noch im aufkeimenden Frühling des Lebens befinden?

Und an dieser Stelle, hochgeehrte Versammelte, kommt nun der Vorschlag, den ich zu machen habe. Es ist nicht gut, ehrwürdige Greise auf sich allein gestellt in den Süden reisen zu lassen, wo sie leicht die Orientierung verlieren und, von bösen Menschen mißgeleitet, anstatt an der Seite eines zarten, sexuelle Freuden gewährenden Kindes, als Opfer von Raub und Betrug abenden. Unsere Regierung sollte daher mit den Regierungen der Länder des Südens in Verbindung treten und auf der Bildung geregelter und überwachter Altenheime in diesen Ländern bestehen.

Solche Verhandlungen wären allein schon deswegen sehr leicht, weil alle drei Beteiligten ihr Interesse bei einem solchen Vorhaben finden: Wir sind unsere Alten los, die Alten selbst finden einen erfüllten Lebensabend, und die armen Länder des Südens haben ein Einkommen. Jedem also wäre geholfen.

In diesen Altenheimen sollte es nun so sein, daß zusammen mit dem Zimmer das lustspendende Kind gleich dazugemietet wird. Frühzeitig an solche nutzbringenden Aktivitäten gewöhnt, könnten diese Kinder dann, sobald sie etwas herangewachsen sind, auch gewöhnlichen männlichen Reisenden aus dem Norden dienstbar sein: die Jungen den Homosexuellen und die Mädchen den Heterosexuellen. Ich brauche wohl nicht erst zu sagen, wie sehr eine solche Einrichtung zum spärlichen Broterwerb in diesen armen Ländern beitrüge. Und auch unsere Kosten würden sich erheblich verringern, da das Leben in den genannten Ländern sehr billig ist und wir unseren guten Alten nicht einmal die Hälfte von dem Geld, das sie hier zu Hause bei uns zum Lebensunterhalt benötigen, zukommen zu lassen bräuchten.

Eine auf solche Basis gestellte Zusammenarbeit zwischen Nord und Süd wäre zweifellos ein erheblicher gesellschaftlicher Fortschritt. Denn zum ersten Mal sowohl in der Geschichte des Staates Nous als auch der der

Länder des Südens bestände zwischen beiden Parteien ein wahrhafter Interessensaustausch: Wir wollen unnütze Alte loswerden, und sie wollen Arbeitsplätze erhalten. Der Export alter Männer und neuer Arbeitsplätze von Nord nach Süd ist zudem vollkommen unproblematisch, da die Arbeit, um die es sich handelt, keiner weiteren Vorbildung bedarf. Ganz im Gegenteil: Ehrwürdige Greise im abschließenden Frühling ihres Lebens wissen nichts so sehr zu schätzen als die unbedingte Unschuld eines Kindes. Nichts bereitet einem verdienstvollen Alten mehr Vergnügen als das Bewußtsein, daß das betreffende Kind, eben weil es noch Kind ist, unmöglich begreifen kann, was mit ihm gemacht wird.

Ums Begreifen, hochgeehrte Väter des Volkes, geht es bei alledem aber auch nicht, sondern nur um das Tun. Im göttlichen Buch der Weisheit, Kapitel 5, Vers 3, heißt es: „Im Anfang war das Tun und nicht das Wort." Und dies, weise und erleuchtete Versammlung, gilt auch für uns. Die Zeit ist gekommen, in der wir nicht durch unnützes Reden und Zaudern, sondern durch zielgerichtetes Handeln uns selbst und den Menschen des Südens helfen sollten. Und laßt uns die Hauptsache nicht vergessen: Ehrwürdige Greise verdienen einen ehrwürdigen Lebensabend!

In all der demütigen Bescheidenheit, die allein einem einfachen Kaufmann wie mir vor Eurer hehren und von Gott erleuchteten Versammlung zusteht, wage ich daher vorzuschlagen, unverzüglich mit den Ländern des Südens in die von mir nahegelegten Verhandlungen einzutreten. Überlegt doch, erhabene Weise, wie sehr die armen Menschen des Südens unserer Hilfe bedürfen und wie viel wir unseren Eltern und Großeltern dafür schuldig sind, daß sie uns als Erbe einen immerwährenden Turmbau hinterlassen haben. Wie könnten wir da noch zögern?

Erleuchtete der Weisheit! Helden des Verstandes! Von göttlicher Einsicht Durchdrungene!

Mit tiefster Demut ende ich hier meine lediglich von bester Absicht getragene Rede, kaum zu hoffen wagend, daß ihr Inhalt einer weiteren Betrachtung durch Euch für wert befunden werde, da der sie vorgetragen Habende so tief unter Euch steht wie ein dunkles Kind unter einem hellen Greis.

Zwischenkommentar des Archäologen

Die vorangegangene Quelle erweist deutlich, daß im Staat Nous ein Sozialphänomen zu beobachten war, das unserem modernen Tourismus vergleichbar gewesen sein könnte. Jedenfalls waren Ferienreisen von Nord nach Süd in Nous eine so weitverbreitete Erscheinung, daß zumindest bei einigen Personen ein Interesse vorlag, diese Reisen nicht willkürlich geschehen zu lassen, sondern sie unter politische Kontrolle zu bringen. Diese Tatsache allein beweist abermals, daß es sich im Falle von Nous unbestreitbar um eine vielseitige Hochkultur gehandelt haben muß. Beachtenswert ist bei alledem auch die geradezu kindlich anmutende Frömmigkeit und das bedingungslose Gottvertrauen des seine Rede vortragenden Kaufmanns.

Dieser Gedanke leitet über zu unserem nächsten Kapitel. Unser Forschungsbericht bietet im folgenden Text ein weiteres Mal Einblick in einen Aspekt des öffentlichen Lebens von Nous. Wie dies wohl auf alle Kulturen zutrifft, eröffnet auch im Falle der hier vorzustellenden die Religion einen ganz besonderen Zugang zu dem zeitgenössischen Denken, innerhalb dessen sie sich befand.

Die nunmehr folgende Schrift, die wir hier präsentieren, ist abermals ein Brief. Er wurde verfaßt von einem Priester und war an einen ihm befreundeten Standesgenossen gerichtet. Aus ihm erhalten wir klare Aufschlüsse sowohl über die religiöse Theorie als auch die religiöse Praxis in Nous. Weiterhin werden die Ausbildung der Priester, ihr Verhältnis zueinander, die Rolle der Kirche im Staat und die kirchliche Organisation beschrieben.

Der Brief bereitet unseres Erachtens gleich den drei vorangegangenen Texten keine Verständnisschwierigkeiten. Trotz seines vergleichsweise geringen Umfangs bietet er eine Fülle von Informationen.

Auch diese Quelle ist ungekürzt wiedergegeben.

Der Priester

Xuns, den 5. Tag des 10. Mondes
Im Jahre 3551 nach Entdeckung der Beherrschung des Feuers

Lieber Bruder in der Angst,
erinnere Dich, wie geschrieben steht im ersten Buch Veresox, Vers 5 ff.:

„Gelobt sei die Göttin Angst in Ewigkeit!
Ihr Völker, singt und psalmodiert ihr Lob!

Eingegraben hat sie sich
In die Züge jedes Gesichts,
Um zu künden von ihrer Allgegenwart.

Sie teilt ihre Güte oder ihren Zorn aus
An wen sie will, und niemand kann ihr sagen:
Was tust du?

Wer sie in Liebe und ihr wohl gesonnen annimmt,
Von dem zieht sie gnädig ihren schwarzen Schleier,
Und ein solcher Mensch hat wahrhaft Tod und Hölle überwunden.

Wer sie aber verachtet und sich von ihr kehrt,
Dessen Wege werden zu Bergen von Schlangen,
Die ihn beständig würgen und Gift in seine Haut verspritzen.

Darum fürchtet die Göttin Angst, ihr Menschen aller Völker!
Singt ihr Lob in den Häusern!
Preist sie in euren dunklen Verstecken!

Gelobt sei die Göttin Angst in Ewigkeit!
Ihr Völker, singt und psalmodiert ihr Lob!“

Lieber Bruder, Du kennst die Hymnen an die Angst, von denen die heiligen Bücher voll sind, so gut wie ich. Um so mehr müssen wir es bedauern, daß unser Volk in letzter Zeit das freudige Singen zu Ehren der Angst nahezu verlernt hat. Es ist still um uns und die Religion geworden.

Es ist noch nicht lange her, daß die Angelegenheiten unserer Göttin ganze Kriege hervorriefen. Überall wurde gestritten und vor allem mit der Waffe gekämpft. Das führte so weit, daß rund zwei Drittel unseres Volkes einfach ausgerottet wurden. Ganze Landstriche waren leer und verwüstet und wurden erst später wieder neu besiedelt. Ach, überall sah man die Symbole unserer Religion. Über allem schwebte unser Zeichen. „Selig werden!" hieß die Parole, und alle handelten danach. Jeder war sich bewußt, wie weit wir alle von der Vollkommenheit entfernt sind, und jeder tat sein Bestes, den Abstand zwischen sich und diesem höchsten Ziel zu verringern. Aber oje! Diese über Leichen gehende Begeisterung, dieser Blick für den eigentlichen Kern alles Religiösen – wo sind sie hin? Damals waren wir Priester noch etwas Besonderes. Es waren herrliche Zeiten.

Doch heute ist alles so flach und fahl geworden. Denk doch nur einmal, lieber Bruder, an unsere eigene Vergangenheit. In ihr war alles ruhig und ging ohne Kämpfe ab. Man fragte uns nicht einmal, ob wir wahrhaft gläubig seien. Niemals wurde an uns eine wirkliche Gewissensprüfung vorgenommen. Jeder ging, da wir als zukünftige Priester der heiligen Kirche besonders nahe waren, wie selbstverständlich davon aus, daß wir im Stande der Gnade wären.

Erinnerst Du Dich noch, damals an der Priesterschule? Wie wir erzogen wurden in Andacht und geistlichen Übungen? Und dann, als wir die Schwelle vom Jungen zum Jüngling überschritten hatten, weißt Du noch, wie wir uns da das erste Mal nahekamen? Dann gingen wir zusammen zum Waschen. Wir übergossen uns mit warmem Wasser und haben uns immer wieder gegenseitig anal koitiert; Du mich und ich Dich. Dieser heilige Umgang der Männer untereinander ist das wahre Symbol unserer priesterlichen Eigenart und Reinheit. Zu solchen Übungen wird jeder angehalten, der, zum Priester bestimmt, die Schulen unserer heiligen Kirche durchläuft. Die Göttin Angst hat geboten, daß Frauen in der Gemeinde zu schweigen hätten. Dieses Gebot haben wir immer als ein eindeutiges

Zeichen dafür gewertet, daß die Göttin die Frau unter den Mann stellt. Daher ist es wohlgetan, daß wir Priester uns am eigenen Körper gegenseitig lieben und gleichzeitig den Schafen der uns anvertrauten Herde die Liebe zwischen den Geschlechtern aufs schärfste verbieten.

Aber, lieber Bruder in der Angst, wie ich weiter oben schon sagte: Alles verlief in geordneten Bahnen. Unser Leben war ruhig, ja fast eintönig. Das Volk bewundert und verehrt uns zwar noch immer wegen unserer moralischen Festigkeit und Lebensweise. Dennoch glaube ich, daß sich unser Lebenswandel von dem des Volkes kaum noch unterscheidet und umgekehrt.

Und damit komme ich zum Hauptanliegen dieses Briefes, den ich nur einem schon so lange und innig Geliebten wie Dir anvertrauen kann. Woher kommt diese Ruhe sowohl innerhalb der Religion als auch zwischen Staat und Religion? Ich werde versuchen, auf diese Frage zu antworten:

Die Religionen und der Staat sind im wesentlichen eins geworden. Wir tun das gleiche, wir denken das gleiche, wir glauben an das gleiche – ja, wir sind gleich. Laß mich Dir erklären, was ich damit meine.

Alle sind wir uns heute einig (Kirche und Staat), daß der Turm möglichst schnell und sicher in den Himmel gebaut werden muß. Worüber also hätten wir noch Grund zu streiten? Wir sind uns doch einig. Du wirst nun einwenden: „Aber die Ausgangspunkte sind doch völlig verschieden." Ja, lieber Bruder, das bestreite ich nicht. Natürlich sind sie das. Wir Priester sagen: „Im Himmel ist das Heil, deswegen muß der Turm hinauf", und der Staat sagt: „Im Turm ist das Heil, deswegen muß er in den Himmel." Ich gebe zu, daß dies zwei verschiedene Gesichtspunkte sind. Aber sage doch selbst, Geliebter in der Angst, wo ist bei einer solchen Verschiedenheit denn noch der eigentliche Unterschied? Wir Priester blicken von oben nach unten und der Staat von unten nach oben. Könnte man noch behaupten, daß wir uns dabei auf halbem Wege träfen, würde auch ich die Existenz eines gewissen Unterschiedes noch bejahen. Aber wir treffen uns nicht auf halbem Wege, sondern wir gehen bereits denselben Weg. Wir sind uns eben einig, daß der Turm gebaut werden muß und kein Opfer dafür zu groß ist. Es existiert kein Unterschied mehr zwischen zwei Sphären, die einst sich so klar voneinander getrennt befanden. Wir arbeiten alle für dasselbe und glauben an dasselbe.

Ich gebe Dir ein Beispiel. Seit Abschaffung der Blut-und-Boden-Ideologie gibt sich der Staat betont menschlich. Er behauptet nicht nur, daß er gewaltlos und nächstenliebend sei, sondern er fordert diese Tugenden sogar im Namen seiner Autorität von jedem einzelnen Bürger. Ich frage Dich, Bruder, tun wir etwas anderes? Doch laß mich weitere Beispiele anführen.

Oberstes Ziel des Staates ist die Erziehung zum guten Bürger. Tun wir etwas anderes?

Der Staat verlangt Gehorsam und Pflichterfüllung. Tun wir etwas anderes? Der Staat sagt: „Wer am besten dient, ist der Beste." Tun wir etwas anderes?

Diese Liste ließe sich noch verlängern.

Liebster, bester Bruder in der Angst, glaube nicht, daß ich Dein Feingefühl oder Deine Treue zur Kirche verletzen oder anzweifeln will. Natürlich sind wir noch immer die Gemeinschaft der Heiligen und haben somit recht, wenn wir alle, die nicht zu uns gehören, als Verdammte verachten. Nur, das gerade ist ja meine Sorge, daß wir dies nur noch heimlich denken, aber nicht mehr offen aussprechen. Wie haben nicht beispielsweise die verschiedenen Kirchen sich früher bekämpft! Jetzt empfangen sich ihre Führer gegenseitig in allen Ehren, und gemeinsame Mischgottesdienste sind keine Seltenheit mehr. Ich sage es ja: Alle fühlen gleich, alle denken gleich, alle sind gleich.

Glaubst Du etwa, wir hätten es damals auf unseren Priesterschulen mit anderen Erziehungsplänen zu tun gehabt als die Schüler weltlicher Schulen? Abgesehen davon, daß es bei uns keine Mädchen gab, viel gebetet wurde und Religion Hauptfach war, bestand nicht der geringste Unterschied. Ich bin selbst als Religionslehrer an einer weltlichen Schule beschäftigt und mit den dortigen Zuständen wohlvertraut. Daher kannst du mir glauben, wenn ich sage: Es existiert kein Unterschied mehr zwischen geistlich und weltlich.

Was heißt das denn überhaupt: den Turm bauen?

Weder Du noch ich noch sonst jemand, den wir kennen, hat den Turm jemals gesehen. Daher glauben wir nur um so bestimmter, daß er gebaut werden muß. Alle stöhnen und ächzen wir unter dem Druck, der durch den Bau auf uns liegt. Wir Priester trösten die Gequälten und reichen jedem die Hand, der mit uns zusammen tröstet. Die staatlichen Tröster betrachten wir als unsere Brüder, und der eine lernt vom anderen. Ich kenne kirchliche Tröstungszentren, die ganz verweltlicht sind, und weltliche, die rein geistlich betrieben werden. Das liegt gewiß auch daran, daß die Menschen schon längst verlernt haben, ihre Klagen deutlich zum Ausdruck zu bringen. Überall läßt sich beobachten, wie die Menschen sich an den beliebigsten Orten auf kurze Zeit verstecken, um dort mit ihren Tränen und ihrem Kummer allein zu sein. Haben sie dann ihr Versteck wieder verlassen, behaupten sie, es sei nichts gewesen. Kommen sie aber in ein Tröstungszentrum, schweigen sie verlegen. Nichts erfährt man mehr von ihnen. Daher werden immer mehr dieser Zentren zu Kinos umgebaut. Die Menschen können dann ebenso schweigsam dasitzen wie vorher und haben zudem den Vorteil, unterhalten und eingeschläfert zu werden.

Der Staat ehrt den mächtigen, heiligen Führer unserer Kirche als großen Erzieher. Er verdankt ihm viel Betäubungsgas und große Kinosäle. Wo immer er auftritt, murmelt er etwas in einer unverständlichen Sprache und macht mit der rechten Hand Zeichen in der Luft. Bei seinem Anblick jubeln die Menschen, fallen sogar auf die Knie, schlagen sich ekstatisch gegen die Brust und schreien im Chor: „Angst, Heil! Angst, Heil! Führer, befiel! Wir folgen!"

Oh Bruder, sage mir, welch Unterschied besteht hierin noch zum Staat? Doch würde das alles vielleicht noch zurück zu unserer Göttin führen, wären die Dinge nicht in ihrer Gesamtheit bis zu einem aus religiöser Sicht irreparablen Punkt vorangeschritten. Du kennst wie ich die bekannte Stelle in unseren heiligen Büchern: „Denn also spricht die Angst: Wer sich von mir abwendet, um mich nicht mehr sehen zu müssen, dem werde ich eine giftige Schlange, die ihn von hinten unsichtbar aus dem Dunkel heraus in die Ferse beißt."

Die Menschen scheinen diesen wichtigen Satz unserer Göttin vergessen zu haben. Alles nämlich ist ihnen lieber, als die Angst zu sehen, und unzählige Mittel haben sie erfunden, um genau dort blind zu sein, wo ein klarer Blick besonders vonnöten wäre. Ich rede hierbei gar nicht einmal in erster Linie von denjenigen, die ihre Tage damit verbringen, Gedankenspiele gegen die Angst zu betreiben. Diese schmiegen sich aneinander, als könnte damit jeder unserer Göttin so sehr die Sicht versperren, daß sie zuletzt die Frevler nicht mehr findet. Sie liegen zusammengedrängt in ihren Betten und vollziehen unzüchtige Dinge. Sie genießen viel von den berauschenden Flüssigkeiten und lieben überhaupt jede Art von Rausch. Die Kurzweil und die Kinos sind ihr Liebstes. Doch sie sind alle dieselben Narren. Der Göttin Angst werden sie auf diese Weise – weit davon entfernt, ihr zu entkommen – gerade in die Netze laufen. Unzählige ihrer schwarzen Schleier wird sie auf die Frevler werfen. Und ist dies geschehen, werden diese alle den Tag ihrer Geburt verfluchen. Doch von jenen rede ich, wie gesagt, gar nicht.

Nein, ich meine diejenigen, die viel von angsteinjagenden Dingen reden, sie zu bekämpfen vortäuschen und gerade dadurch zu erkennen geben, daß sie am schlimmsten gegen unsere Göttin sündigen. Sie behaupten, sich nicht von der Angst abzuwenden, sondern ihr gerade ins Gesicht zu sehen. Sie tun, als sähen sie die Angst immer vor sich und als warnten sie alle anderen. Aber gerade diese Menschen sind die größten Frevler. Sie drehen sich in die andere Richtung und verschließen ganz und gar die Augen vor der Angst. Und mittels ihrer frechen Behauptung, daß gerade sie die Angst wahrhaft vor sich sähen, haben sie schon viele zu sich gezogen und verführt. Doch alles, was sie sagen und tun, ist Lüge. Sie kennen unsere Göttin nicht, und sie sind so verblendet, daß sie nicht einmal merken, wieviel schwarze Schleier die Himmlische schon über sie geworfen hat. Ja, sie arbeiten genau für das, wogegen sie aufbegehren. Die Giftzähne der Göttin sind unfehlbar schon in ihre Fersen eingegraben.

Liebster Bruder, wir sind Priester und haben bereits viel Erfahrung gesammelt im Umgang mit unserer Göttin. Viele meinen, sie sei eine Feindin, und man müsse ihr ausweichen. Sie begreifen nichts von ihrer Güte. Sie kennen nicht die holden Augenblicke des Glücks, wenn sie ihren Schleier von uns zieht und wir plötzlich frei in der Welt stehen. Dies tut sie, wenn wir treu auf dem Pfad bleiben, den sie uns gewiesen hat. Ach, wie herrlich ist dann dieses Gefühl! Leichten Schrittes geht man. Ja, man tanzt fast und glaubt zu schweben. Die schädlichen Hindernisse sind beseitigt, und die nützlichen Hindernisse hat man lieben gelernt. Ja, die Göttin weist uns klar den Weg, den wir nehmen müssen. Strahlend und von tausend

Sonnen beschienen, steht glänzend die Bahn vor uns, die wir gehen sollen. Sie führt in unsere ureigenste Heimat, d. h. zu uns selbst. Wahrlich, wer sich reinen Herzens und voll Vertrauen von der Göttin führen läßt, dessen Fuß wird nie stolpern, und wohin er auch immer geht, wird er doch nur stets zu sich selber gehen. Er kann sich nicht in der Richtung irren, denn vor jedem falschen Weg ist ein Felsbock aufgetürmt. Wer die Göttin liebt, der liebt sich selbst, seinen Weg und diese Felsblöcke. Enttäuschungen gibt es für ihn keine, und sofern er doch einmal eine empfindet, ist dies ihm nur ein Zeichen, daß er von der Mitte seines Weges weg ein wenig an den Rand geraten war. Er wird dann dankbar sein für diese warnende Botschaft und leichten Fußes zur Mitte zurückschreiten.

Ja, dieses und noch viel mehr gewährt die Göttin Angst dem, der ihr gewogen ist. Und was verlangt sie für soviel Gunst? Einzig wahre, tiefe, kindliche Liebe und Zutrauen. Stets muß man sie suchen, stets sie sehen wollen, stets ihre Abgründe ergründen wollen, dann wird man ihrer Güte teilhaftig. Sie versteckt sich gerne im Nebel ihrer Abgründe. Dort ist ihr nichts lieber, als daß man sie mit Gesang erfreue. Mit lautem Klang der eigenen Stimme soll man ihren Abgrund erfüllen, worauf von überallher Echos kommen und die Töne zu einer himmlischen Musik vereinen werden. Die Angst weiß, von wem die Stimme stammt, und sie weiß, daß sie von dem Sänger geliebt und gesucht wird. Diese Liebe ist es, die einem den Mut gibt, sich an den Abgrund zu wagen und dort aus voller Kehle zu singen.

Ja, so glücklich ist, wer die Angst stets vor sich sieht, wie sie an sich und in allem ist. Er wird lieben und tun, was er seiner Liebe schuldig ist.

Doch wehe dem Frevler, der die Angst haßt, sie nicht sucht und sich nicht von ihr vertrauensvoll den Weg weisen läßt. So ein Mensch kennt sich selbst nicht und wird nie zu sich selber finden. Prahlsüchtig und hochmütig glaubt er sein Ziel und den Weg dorthin zu kennen. Die Angst in ihrer Güte legt, um ihn vor der falschen Richtung zu beschützen, einen Felsblock vor ihn hin. Doch er mißachtet die Liebe, die ihm dargebracht wird. Er schickt sich an, über den Felsblock zu klettern, und wähnt sein Ziel jenseits desselben. Das „Komm zurück!“ der Angst verachtet er wie die Angst selbst.

Doch in seiner Narrheit verirrt er sich immer mehr in stets höher und steiler werdenden Felswänden. Auf schroffem Gestein dürstet er in der Hitze des Tages und hungert in der Kälte der Nacht. Nie kann er seinen Fuß auf weiche, ebene und blühende Erde setzen. Verirrt, einsam, darbend wird er dann plötzlich die Angst anflehen, ihm den wahren Weg zu zeigen. Doch dann ist es zu spät. Die Angst hört ihn nicht mehr, und sogar von sich selbst verlassen, wird er bis an sein Lebensende, in schroffe Felswände furchtsam eingekrallt, verloren umherirren. Oh, geliebter Bruder in der Angst, wer kennt unsere Göttin noch so, daß er ihre Güte wahrhaft verstände und zu schätzen wüßte? Siehst Du, nur zu Dir wage ich über das alles zu schreiben, und nur Dir kann ich mich anvertrauen, denn wagen wir doch, es auszusprechen: Unsere Priesterkaste hat die Göttin längst verraten. Sie macht gewinnbringende Geschäfte mit der Angst, ergeben aber ist sie ihr nicht. Ich weiß, Du bist gleich mir wahrhaft gläubig. Menschen wie uns gibt es kaum noch. Wahrscheinlich gab es sie früher ebenfalls kaum häufiger als heute, aber dies tut nichts zur Sache.

Keiner unserer Priestergenossen hält es für notwendig, unsere heiligen Bücher wirklich zu studieren. Da oder dort haben sie in der Vergangenheit einmal eine Stelle oberflächlich kennengelernt. Aber die Heilige Schrift wirklich täglich zur Hand zu nehmen und sie in reinem Glauben als unmittelbare Botschaft der Göttin zu lesen, das tut fast niemand mehr. Es gibt Ungläubige, die die Heiligen Bücher besser kennen als die meisten Priester. Alle wollen sie eben nur am Turm mitarbeiten. Darüber hinaus geht ihr Interesse nicht.

Ja, geliebter Bruder, wir beide sollten in dieser Welt nur desto fester zusammenhalten. Lassen wir uns durch nichts trennen. Die Göttin Angst wird uns, wenn sie uns gewogen ist, sicher auch noch vom Tod befreien und uns damit sozusagen ein ewiges Leben schenken. Ich erwarte bald Deine Antwort auf meinen Brief. Was Deinen Besuch während des ersten Mondes im neuen Jahr bei mir anbelangt, so sei versichert, daß ich mich schon sehr, sehr auf ihn freue.

Als Abschluß für diesen Brief werde ich noch einen Ausschnitt aus der 15. Hymne an die Angst aus dem Buch Moseiz für Dich abschreiben. Mögen Dich diese Worte geleiten. Sie künden von der unveränderlichen

Allgegenwart unserer Göttin. Diese möge Dich im Geiste begleiten, bis wir uns wiedersehen.

„Steigen wohl Geister der Toten
Aus Nebeln hervor?
Öffnen wohl Wasser sich da und dort
Strudelnd einem silbernen Sternenkuß?
Ringt sich wohl das Händepaar eines zerrissenen Menschenkörpers
Noch einmal hoffnungsvoll aus der Erde empor?

Eher noch geschieht dies alles,
Als daß ein Tag mir kommt,
Der nicht vor jedem Schritt mir Enge schafft.
Jede Berührung, die ich versuche,
Heißt, meine Hand ins Grab zu strecken.
Der Menschen Stimmen werden bald
Ein echoendes Gewirr aus Schrecken,
Das mich zwischen Bergen hin und wider reißt.
Umsonst suche ich meinen Fuß
Einmal nur auf ein Meer zu setzen,
Das so gewaltig glänzt,
Daß vor seinem Licht
Keine Angst mehr denkbar ist.

Vielerlei Säfte können Wein werden.
Doch die Angst trotzt allen Verwandlungen.
Sie währet ewiglich."

Es grüßt Dich
in innigster Verbundenheit
Bruder Meronex.

Zwischenkommentar des Archäologen

Bleiben wir auch weiterhin im öffentlichen Leben. Auf den Bereich des Religiösen folgt ein Einblick in das Bildungswesen. Da in Nous allem Anschein nach eine „allgemeine Schulpflicht“ bestand, versteht es sich von selbst, daß dieser Teil des sozialen Lebens für die Prägung der damaligen Menschen ebenfalls sehr wichtig war. Daher ist es unumgänglich, auch hiervon einen klaren Eindruck zu gewinnen, um ein deutliches Bild der besagten Kultur zu erhalten.

Wie die nächste Quelle literarisch einzuordnen ist, war mit letzter Bestimmtheit nicht zu ermitteln. Es scheint sich bei ihr um eine Art allgemeinen Rundbrief eines alten, verdienten Lehrers an seine jüngeren Kollegen zu handeln. Jedenfalls erteilt der Text eindeutig Aufschluß über Sinn und Ziel von Bildung und Schule im Staat Nous. Zudem erfahren wir genaue Einzelheiten über das Verhalten der Lehrer gegenüber den Schülern und die pädagogische Praxis überhaupt.

Auch dieser Text ist ungekürzt und weist unseres Erachtens keinerlei nennenswerte Verständnisschwierigkeiten auf.

Der Lehrer

Beurex, den 22. Tag des 8. Mondes
Im Jahre 3529 nach Entdeckung der Beherrschung des Feuers

Liebe Berufsgenossen,
es ist mir eine große Freude und zugleich eine große Ehre, als vom Staat preisgekrönter Lehrer diesen Brief an jeden von Euch richten zu dürfen, um in ihm Sinn und Zweck der Schule nochmals klar darzustellen. Dies soll nun keineswegs bedeuten, daß die Regierung oder gar ich selbst Euch die Schande antun wollen, zu behaupten, daß Ihr Euer Handwerk nicht verständet. Nein, Ihr erfüllt Eure Aufgabe meisterhaft. Das will ich gleich eingangs deutlich sagen. Insofern bleibt Eure Würde unangetastet, und ich habe den Mut zu behaupten, daß Eure Stellung im Staate eigentlich für heilig gelten sollte. Ihr habt eine entscheidende Führungsrolle inne, und mit Ausnahme der Eltern unserer Schüler kann niemand so sehr sagen wie wir: „Wo Natur war, schufen wir Kultur." Und was gäbe es Ehrenvolleres?

Liebe Genossen, das Volk hat uns den landläufigen Beinamen „Formgießer des Staates" gegeben. Diese Bezeichnung ist nicht eigentlich falsch, aber doch höchst unvollständig. Natürlich empfangen wir vom Staat die Form, in die der Mensch gepreßt werden soll, um ein guter Bürger zu sein. Gleich dem Schmied müssen wir die Schüler dann gewissermaßen verflüssigen, um sie in die vorgeschriebene Form zu gießen. Aber, liebe Genossen, um wieviel ist denn unsere Arbeit nicht schwerer als die des Schmiedes? Dieser hat es mit toter Materie zu tun, die nur eine Erscheinungsform besitzt und völlig berechenbar ist. Doch mit wieviel grundverschiedenen Charakteren haben es wir nicht häufig zu tun? Und über wieviel Falschheit und Arglist verfügen diese Charaktere nicht häufig, um, sich der vorgeschriebenen Form widersetzend, ihre Eigenheit zu bewahren? Ach, wie verantwortungslos handeln Eltern doch immer wieder, und wieviel Natur und Ungehorsam ist nicht manchmal noch in einem Kind, wenn es uns übergeben wird! Gewiß: Wir sind nur dafür zuständig, die letzten Einzelkorrekturen vorzunehmen, da ehrenhafte Eltern ja wirklich alles daransetzen, ihren Kindern gute Erzieher zu sein. Aber sie sind hierbei oft wie blind und übersehen Wesentliches. Zwar verfügt das Kind, wenn es zu uns kommt, selbstverständlich schon über keinerlei natürliche Verhaltensweisen mehr. Dies versteht sich von selbst, und Eltern, die nicht zumindest soweit gelangt wären, sollte man wohl auch steinigen. Aber wenn es zu uns kommt, zeigt das Kind häufig noch Leidsymptome. Es gibt zu erkennen, wie schmerzlich es ist, wenn die eigene wahre Natur vergewaltigt wird. Und eben genau da, liebe Genossen, befindet sich unser eigentliches Betätigungsfeld. Das Kind muß lernen, jeden Tag gequält zu werden und dabei trotzdem lachend und fröhlich auszusehen. Wie aber erreicht man das Lachen des glücklichen Kindes, das eine Art Symbol unseres ganzen Berufsstandes geworden ist? Eben gerade dadurch, daß man das Kind leiden läßt.

Denn erst dann kommt ihm die Weisheit an, und es wird uns hörig. Das glückliche Lachen stellt sich danach ganz von selbst ein, denn das Kind kennt unsere unausgesprochenen Wünsche und wird sie mit Begeisterung erfüllen, wenn wir es nur ausreichend dafür leiden lassen. In diesem Punkt sind wir wahre Repräsentanten des Staates. Er macht es ebenso. Braucht er für gewisse wichtige Aufgaben besonders zuverlässige, gehorsame Beamte, bereitet er die Betreffenden vorab dadurch auf ihren Dienst vor, daß er sie viele Jahre lang leiden läßt. Dann kommt ihnen schließlich die Weisheit an, sie werden bedingungslos hörig und lassen sich nachher für rundweg alles perfekt verwenden. Genauso müssen auch wir es machen, um ein glückliches Lachen in die Gesichter unserer Schüler zu zaubern. Der Mensch liebt es, gequält zu werden, und er küßt keine Hand inniger als die, von der er geschlagen wird.

Ihr alle wißt es, doch ich will es trotzdem noch einmal wiederholen: Aufgabe der Schule ist es, Mittelmäßigkeit hervorzubringen. Daher heißen die hohen Schulen ja auch „Mittelmaßinstitute". Diese Aufgabe bringt es mit sich, unserer Arbeit drei Stoßrichtungen zu verleihen:

1) Die überdurchschnittlichen Schüler müssen dümmer gemacht werden.
2) Die durchschnittlichen Schüler müssen in ihrem So-Sein bekräftigt und ermutigt werden.
3) Die unterdurchschnittlichen Schüler müssen klüger gemacht werden.

Kurz gesagt: Alle Unterschiede müssen verschwinden. Wer zu klug oder zu dumm ist, muß auf die sogenannte Sonderschule, und wenn das nichts helfen sollte, schließlich ins Irrenhaus. Ich will auf unverbesserliche Kinder dieser Art hier weiter gar nicht eingehen. Ihnen gegenüber besteht unsere Aufgabe nur darin, sie zu eliminieren und sonst nichts.

Wir Lehrer jedoch haben es langfristig bloß mit denjenigen Kindern zu tun, welche für das Durchschnittlich-Mittelmäßige geeignet sind und dies dadurch bekunden, daß sie sich formen lassen.

Vom Bereich des Geistes habe ich gesprochen, sprechen wir nun vom Gefühl. Während nämlich der Geist der Schüler nur durchschnittlich werden soll, ist es unsere Aufgabe, sein Gefühl, wenn möglich, ganz verschwinden zu lassen. Das sogenannte „natürliche Empfinden" ist der große Feind unserer Staatsgemeinschaft. Ein Mensch, der sagt: „Ich weiß nicht warum, aber irgendwie fühle ich mich schlecht bei dem, was mir zu tun aufgetragen wird", ist von vornherein gefährlich. Stoßen wir auf eine solche Einstellung bei einem unserer Schüler, müssen wir ihm sofort über den Mund fahren und sagen: „Wenn du die Gründe für dein Unwohlsein nicht vernünftig erklären kannst, dann gibt es auch gar keine. Merke dir das! Denn Denken sagt Wahrheit, Fühlen aber lügt." Die gute Erziehung hat natürlich schon längst dafür gesorgt, daß der Schüler nicht mehr vernünftig sagen kann, worauf sich sein schlechtes Gefühl bezieht. Diesen für uns günstigen Umstand müssen wir Lehrer ausnutzen und den Schüler durch Verdammung des Gefühls radikal von solchen natürlichen Neigungen abbringen. Ich kann aus eigener Erfahrung sagen, daß, wenn man sich hier konsequent verhält, die Schüler bald keine Gefühle mehr haben. Ich erinnere mich an eine erste Klasse, die ich einst zu erziehen hatte. Die Schüler fühlten sich anfangs müde, da der Unterricht um acht

Uhr begann. Damals im Winter war es zu diesem Zeitpunkt noch Nacht. Ich schalt sie: „Warum paßt ihr nicht auf?“ und sagte: „Ich bitte mir mehr Aufmerksamkeit aus!“ Und siehe da: Nach kurzer Zeit schon fühlten sie ihre Müdigkeit nicht mehr. So ist es eben mit den Gefühlen der Schüler. Beherrscht man diese erst, wird man ganz von selbst Herr ihrer Gedanken und ihrer selbst.

Doch nun, liebe Genossen, möchte ich noch die Frage stellen, wie denn wir Lehrer beschaffen sein müssen, um die Schüler gut zu erziehen. Es wäre doch heuchlerisch, Gehorsam von anderen zu verlangen, sie zu erziehen vorzugeben und selber nicht erzogen zu sein. Tatsächlich – ich sage dies mit Schrecken und bitte, daß sich niemand von euch persönlich angesprochen fühle – scheint es immer noch einige Lehrer zu geben, die einen so verachtenswerten Charakter besitzen, daß sie in Heuchelei leben und Mittelmäßigkeit nur vorgaukeln. Was die zu klugen oder zu dummen, für Sonderschule und Irrenhaus bestimmten Schüler im Bereich der Schüler sind, stellen solche Lehrer im Bereich der Lehrer dar. Sie haben sich geschickt bei uns eingeschlichen. In unseren Versammlungen nicken sie scheinbar gutmütig und zustimmend mit dem Kopf. In Wirklichkeit jedoch sind sie Wölfe im Schafspelz. Sie achten ihre Schüler und lassen jedem ihre Eigenart. Macht man in ihrer Klasse einen Kontrollbesuch, nehmen sie, nur mit den von Natur aus mittelmäßigen Schülern arbeitend, ein für solche Fälle vorgesehenes Tarnprogramm durch. Viele staatliche Kontrolleure können sich soviel Falschheit gar nicht vorstellen. Daher erkennen sie sie auch nicht, die Frevler werden nicht entlarvt und bleiben ungestraft. Glücklicherweise hat die Regierung nun die weise Entscheidung getroffen, nur ehemalige und verdiente Lehrer zu Kontrolleuren zu machen. Sie sind am wenigsten in Gefahr, durch diese Verstellung und Heuchelei irregeführt zu werden. Daher habe ich die Hoffnung, daß wir nun zuversichtlich der baldigen Ausrottung dieses Übels entgegensehen können.

Und nun, liebe Genossen, möchte ich euch alle auffordern, verachtenswerte Menschen solcher Art rücksichtslos zur Anzeige zu bringen. Beobachtet euch gegenseitig, und tragt Sorge dafür, daß alle Heuchler aus eurer Mitte entfernt werden. Ihr wißt es alle: Auch der Lehrer muß unbedingte Mittelmäßigkeit aufweisen, sonst kann er seiner Aufgabe unmöglich ge-

recht werden. Ich wiederhole es noch einmal: Niemand unter euch soll sich persönlich von dieser Anschuldigung beleidigt fühlen. Wie wenige es aber auch sein mögen, es gibt immer noch Lehrer, die nicht völlig mittelmäßig sind und daher eliminiert werden müssen. Ich möchte hinzufügen, daß ihr viel Gutes tut, wenn ihr helft, solche Menschen aus unserer Mitte zu entfernen. Ihr handelt dabei nicht nur zu eurem, sondern sogar zum Nutzen des Betreffenden. Denn wer nicht mittelmäßig ist, dem tut man einen Gefallen, wenn man ihn daran hindert, Lehrer zu sein.

Ihr alle wißt, wie man sich fühlt, wenn man vor einer Klasse steht und einen viele Augenpaare auf einmal anstarren. Man hat den Eindruck, stets hinterfragt zu sein. Es ist, als warteten alle nur darauf, daß man einen Fehler mache. Dann wird man ausgelacht, und die Schüler befriedigen an einem ihre Neigung zum Spott. Das sind schreckliche Augenblicke, und wir alle kennen sie gut.

Um die Angst vor solchen Vorkommnissen zu bewältigen, ist es nötig, die Schüler zu quälen und zu verachten. In jeder Sekunde müssen sie deutlich spüren, daß man hoch über ihnen steht. Und nun stellt euch einmal einen von diesen Heuchlern vor, die den Schülern nicht ein Gefühl von Minderwertigkeit einflößen. Sie werden doch zwangsläufig stets hinterfragt und verlacht. Anstatt die Schüler zu verachten, werden sie es dahin bringen, von ebendiesen verachtet zu werden. Solche Lehrer leben in einer verkehrten Welt, und wo immer sie erscheinen, münden alle ihre Wege ins Absurde. Ihr seht hieran, wie ich schon sagte, daß man sogar nicht nur den Schülern, sondern noch diesen Menschen selbst nützt, wenn man sie aus unseren Reihen verbannt.

Früher war es nicht einfach, den Schülern Angst zu machen und sich somit Ordnung in einer Klasse zu verschaffen. Man hatte als Mittel nur die Prügelstrafe und den Rohrstock. Heute gibt es beides nicht mehr und wäre auch völlig überflüssig, da die uns zur Verfügung stehenden modernen Foltermethoden um ein Vielfaches wirksamer sind. Ich halte es auch für eine hervorragende List, im Namen der Humanität die Prügelstrafe an den Schulen abgeschafft zu haben. Dies bringt nämlich einen hervorragenden Tarnungseffekt mit sich. Während alle in dem Glauben sind, die Schulen seien nun angenehmer als früher, sind sie doch in Wirklichkeit schlimmer als je zuvor. Den Rohrstock haben wir aus der Hand gelegt und ihn mit einem gelegentlichen Hinweis auf den Turm vertauscht. Alle haben schon von vornherein, ja noch bevor sie in die Schule kommen, Angst bei dem Gedanken, daß der Bau am Turm sich verlangsamen oder gar ein Ende nehmen könne. Selbst die widerspenstigsten Klassen lassen sich somit leicht einschüchtern, indem man Besorgnis und Freundlichkeit zur Schau tragend zu den Schülern sagt: „Glaubt mir, ich verstehe euch gut, bin euer lieber Freund und teile eure Ängste. Ach, ihr Armen! Ihr seid allein, verlassen, wißt nicht, wo es mit euch und überhaupt mit allem hingeht. Nur der Turm – der steht fest. Daß für seinen Bau kein Opfer groß genug ist, ist das einzige unumstößlich Gewisse, das ihr besitzt. Und der Turm verlangt von euch allen, daß ihr durch die Schule kommt. Schafft ihr das nicht, habt ihr den letzten Halt verloren. An nichts könnt ihr euch dann mehr klammern. Ihr würdet im leeren, dunklen Raum schweben, und niemand würde eure Hilferufe hören. Also denkt an den Turm, und arbeitet fleißig für die Schule." Ja, sagt man so etwas, sind alle Schüler gelähmt vor Schrecken und Ehrfurcht und würden lieber sterben, als die Schule zu verlassen, um auf eine Sonderschule oder ins Irrenhaus zu gehen. Selbst die Widerspenstigsten bekommen starre Gesichter mit weit aufgerissenen Augen und zeigen auch sonst plötzlich alle Anzeichen williger Gehorsamkeit. Solche besorgten und freundlichen Sätze sind eben das geeignete Mittel, Disziplin zu schaffen, und selbst der härteste Rohrstock könnte so etwas nicht im entferntesten leisten.

Ich weiß, wie schwer euer Leben ist. Das meine ist nicht einfacher. Es gibt wohl kaum eine anstrengendere Arbeit, als vor einer Klasse zu stehen und immerfort die eigene Unwissenheit verbergen zu müssen. Vergeßt aber nicht, daß der Staat verlangt, daß der Glaube an den Unterschied zwischen Schüler und Lehrer nicht verlorengehen darf. Wir müssen auch weiterhin stets als allwissend in Erscheinung treten. Dies hängt damit zusammen, daß nur durch ein solches Wirklichkeitsverständnis aus einem Schüler später auch einmal ein guter Staatsbürger wird. Stellt euch einmal vor, was passieren würde, wenn die Bürger plötzlich annähmen, Repräsentanten des Staates (zu denen auch wir gehören) seien nicht unendlich klüger, als sie selbst es sind. Oder nein, stellt es euch lieber nicht vor, denn solche

Überlegungen könnten einen schlechten Einfluß auf eure Pflichterfüllung als Lehrer haben.

Zum Abschluß will ich euch eine große Wahrheit anvertrauen, die euch Mut machen soll, da sie die Größe eurer Würde offenbart. Wir sind die entscheidenden Vermittler, die die Menschen von noch rohen Naturwesen zu begeisterten Staatsbürgern überführen sollen. Wird einst der Turm im Himmel sein, und wird man dann uns und unsere Verdienste nicht verkennen, werden alle sagen: „Ohne die Lehrer wäre das nie möglich gewesen." Vergeßt das nie. Nach der Erziehung durch die Eltern sind wir die größte Quelle der Formung des Menschen. Und nun, hochgeschätzte „Formgießer" (ihr gestattet, daß ich euch mit eurem gängigen Beinamen anrede), beherzigt meine Ratschläge, schöpft Mut aus dem Gesagten, und formt, formt, formt – denn das ist eure Bestimmung.

Seid gegrüßt durch einen brüderlichen Kuß,
Magisto Idiosex,
Geehrtester Lehrer des Staates.

Zwischenkommentar des Archäologen

Nach dem Text eines Lehrers wäre es gewiß sinnvoll, den eines Schülers folgen zu lassen. Leider aber haben wir bisher keine Quelle entdeckt, die einem diesbezüglichen Anspruch Genüge leisten würde.

Wir verfügen aber sehr wohl über die Geschichte eines „Kindes". Hiermit hat es viel Seltsames auf sich. Meine Kollegen und ich berieten lange darüber, ob wir diesen Text überhaupt der Öffentlichkeit vorstellen sollten. Letztlich haben wir uns aufgrund der Fülle von Informationen, die er enthält, doch dazu entschlossen. Seine Herkunft und Absicht liegen jedoch bis heute im Dunkeln. Die bezüglich seiner bestehende Unklarheit stellt sich folgendermaßen dar:

Nach außen hin erzählt der Text in der Ichform die Geschichte eines kleinen Kindes. Von einem Kind kann der betreffende Text aber nicht verfaßt sein, da er das beschwerliche Leben eines hart arbeitenden Menschen schildert. In Nous wird es aber wohl nicht anders als bei uns gewesen sein. Kinder sind lachende, fröhliche Wesen, die in die tieferen Zusammenhänge des Lebens und der Arbeitswelt noch keinen Einblick haben. Folglich müßte der Text von einem Erwachsenen stammen. Dieser würde sich aber wohl kaum um die belanglosen, kleinen Dinge eines Kindes so tief und bis in jede Einzelheit bekümmert haben.

Zudem scheint der Autor über ein schlechterdings unbegrenztes Erinnerungsvermögen zu verfügen. Er erzählt sogar über Umstände, die ihm bereits vor seiner Geburt begegneten.

Was all diese Seltsamkeiten anbelangt, fehlt uns bis heute jede Erklärung. Wir sind Archäologen und keine Literaturwissenschaftler. Die einzige Auflösung der Rätsel dieses Textes scheint darin zu bestehen, ihn als eine Art Kunsterzeugnis zu betrachten. Wie ja auch bei uns die moderne Dichtung bisweilen ganz außergewöhnliche Dinge hervorbringt, war dies wohl auch in Nous der Fall gewesen.

Als reine Dichtung kann der Text jedoch gewiß auch nicht verstanden werden, da er (wie der Quellenvergleich eindeutig ergibt) an vielen Stellen von unbezweifelbaren Tatsachen des öffentlichen Lebens in Nous berichtet.

Wir überlassen es daher dem interessierten Leser, sich selbst für die eine oder andere Möglichkeit der Enträtselung dieses Textes zu entscheiden. Aufgrund seines Umfanges mußten wir Kürzungen vornehmen, die sich jedoch nicht sinnentstellend auswirken. Mit Ausnahme der bereits diskutierten allgemeinen Unbestimmbarkeit seiner Herkunft und Absicht weist der Text in sich selbst keine wesentlichen Verständnisschwierigkeiten auf.

Das Kind

Vor ungefähr sieben Jahren haben sich meine Lungen geöffnet, und seit diesem Augenblick ist mir die Luft immer schwerer geworden. Das Leben ist drückend, und ich trage seine Last allein. Meine kleinen Schultern sind gemacht, viel zu tragen und zu ertragen, und ich sollte nicht klagen, denn vielen Kindern geht es noch viel schlechter als mir.

Die schönste Zeit meines Lebens waren die neun Monate, die ich im Leib meiner Mutter zubrachte. Das heißt, für mich und mein Empfinden waren es eigentlich nicht neun, sondern nur sieben Monate. Nämlich erst im vierten Monat ist das Bewußtsein so richtig entwickelt. Man begreift, daß man da ist.

Damals war es wirklich schön. Rundherum war ich von einer wärmenden Flüssigkeit und weichem Fleisch umgeben. Ich war so geborgen wie die Erwachsenen, wenn sie im hohen Alter wieder zu kleinen Kindern werden und sie der Tod dann liebevoll umschließt und in sich einsaugt. So fühlte auch ich mich, nur daß ich dem Leben und nicht dem Tod entgegenglitt.

Vom Körper meiner Mutter hörte ich die Verdauungsgeräusche, und ihr Herzschlag war mein allgegenwärtiger Begleiter und die entscheidende Richtschnur für mein Befinden. Ging er langsam, wurde ich ruhig und schlief ein. Ging er aber schnell, erschrak ich und bekam, wenn er nicht bald wieder langsamer wurde, große Angst. Gegen diese Angst hatte ich nur eine Waffe: den Schlaf. Wollte das Herz meiner Mutter sich manchmal gar nicht mehr beruhigen, entkam ich seinem furchtbaren Pochen nur dadurch, daß ich auf alles Hören verzichtete und einschlief. Das war das einzige Verteidigungsmittel. Doch es ist schwer zu schlafen, wenn man Angst hat. Aber ich lernte es. Ich konnte es bald. Später im Leben sollte mir diese so früh erworbene Fähigkeit noch oft zugute kommen.

Auch meine ich es nicht so, als sei die Zeit im Leib meiner Mutter für mich völlig unbeschwert gewesen. Nur sage ich, daß sie jedenfalls im Vergleich mit allen anderen noch die eindeutig unbeschwerteste war. Im Bauch meiner Mutter hörte ich bereits, wie meine Eltern stritten. Durch das lebende Fleisch und das Fruchtwasser gedämpft, drangen ihre aggressiven Stimmen an mein Ohr. Ich verstand die Worte damals noch nicht, aber ich fühlte, was sie bedeuteten, und ich erspürte ihren Sinn. Das Herz meiner Mutter schlug dann immer sehr schnell. Die Stimmen wurden hell und grausam. An besonders lauten Stellen konnte es passieren, daß die Stimme meiner Mutter schrill und hoch überschnappte und ich vor Schrecken zusammenzuckte. Meine Mutter haßte mich dann und sagte sich: „Für eine Frau ist es ohnehin schwer genug, im Streit über einen Mann zu siegen. Und nun werde ich noch an den wichtigsten Punkten und bei den größten Gemütsausbrüchen vom Gezappel meines Kindes gestört. Das schwächt mich und ist ein Vorteil für meinen Mann." Ich aber konnte nicht anders, als zusammenzuzucken. Denn das ist die natürliche Reaktion auf einen Schrecken, und damals war ich der Natur noch nahe.

Eines Tages wurde der Herzschlag meiner Mutter wieder angsteinjagend schnell. Statt sich endlich zu verlangsamen, pochte er diesmal nur noch immer schlimmer. Die Fleischwände um mich herum begannen sich zu verkrampfen, als wolle meine Mutter mich im Haß von sich stoßen. Jetzt half auch die Waffe des Schlafes nicht mehr. Ich glitt hinaus in die Welt. Im Genick beginnend, dann sich über den Rücken verteilend und letztlich den ganzen Körper ergreifend, erfaßte mich ein Kälteschauer, der schlimmer war als der Schmerz von tausend Messerstichen. Ich war kaum in der Außenwelt angekommen, da hielt man mir auch schon einen Schlauch abwechselnd an Mund und Nasenlöcher und saugte das noch darin befindliche Fruchtwasser mit solcher Wucht ab, daß ich glaubte, mein Gehirn werde mir aus dem Schädel gerissen und mein Kopf gewaltsam entleert. Dann schlug man mich ohne Mitleid auf den Hintern, daß mein Becken weit nach vorne geschleudert und mein Kreuz sekundenweise ganz hohl wurde. Dabei hielt man mich an den Füßen hoch und ließ meinen Kopf nach unten hängen, als sei ich ein verfügbares Objekt, mit dem man seinen Spott treiben könne. Ich hätte den Schlag wohl nicht als so schlimm empfunden, wären in diesem Augenblick nicht auch soviel andere schwierige Dinge auf mich zugekommen. Plötzlich hatte ich eine Art Erstickungsgefühl und atmete daher zum ersten Mal in meinem Leben ein. Ich hustete, und es würgte mich. Ich brachte den Schmerz über all diese an mir begangenen Mißhandlungen durch lautes Schreien zum Ausdruck. Das aber interessierte keinen. Ebensogut hätte ich meinen Schmerz auch für mich behalten können. Nach einem Bad folgte ein kurzes erstes Stillen. Letzteres war sehr anstrengend, aber doch schön. Ich war schon wieder bereit, mich dankbar mit der mir doch vorerst so grausam erscheinenden Welt auszusöhnen. Dann aber wurden mir Busen, Wärme und weiche Haut schon wieder entrissen. Lange lag danach ich irgendwo, umgeben von Wesen, denen es ging wie mir. Niemand kümmerte sich. Allen war ich gleichgültig. Ich schrie erneut, und erneut war es, als hätte ich nicht geschrien. Meine Existenz war jedem gleichgültig. Die Äußerungen meines Daseins schienen nur für mich vorhanden zu sein. Früh muß man sich daran gewöhnen, in dieser Welt mit seinen großen Schmerzen allein und unbeachtet zu sein. Lernt man dies nicht gleich schon vor der Geburt, könnte man gar nicht überleben.

Dann begann die Erziehung. „Sauberkeit" hieß es, „Sauberkeit!" Die Natur zu verleugnen und ihre sich am eigenen Körper zeigenden Erscheinungen verstecken zu lernen, ist schwer. Doch was tat ich nicht schon immer aus Liebe zu den Erwachsenen? Denn sie sind bedürftig wie kleine Kinder. Alles kränkt sie, und geht es einmal nicht nach ihrem Willen, schreien sie sofort und beklagen sich. Wir Kinder geben uns alle Mühe, ihren Wünschen in allem nachzukommen. Wir sind froh, wenn sie uns in den Arm nehmen und sich in ihrem Unglück an uns festklammern und Trost suchen. Sosehr sie aber auf sich und ihre Wünsche achten, sowenig achten sie auf unser Leiden und unsere Bedürfnisse. Das ist eben der Lauf der Welt. Wir Kinder müssen immer alle Lasten tragen.

Ich muß achtsam sein und darf nicht die Unvorsichtigkeit begehen, den Erwachsenen zuviel über mich zu sagen, denn ihre Verachtung für mich ist groß. Sie ist das Mittel der Erwachsenen, sich gegen die Wahrheit, die ich symbolisiere, zu beschützen. Sie tritt in zwei Formen in Erscheinung, die ich „die weiche" und „die harte" nenne. Die weiche Verachtung besteht darin, mich als putziges Maskottchen zu belächeln. „Nein, wie süß! Nein, wie lieb! Nein, wie goldig!" rufen die Erwachsenen dann aus und ihre lachenden Gesichter sind verzerrt vor Verachtung für das, was ich gerade tue und für sie symbolisiere. Die harte Verachtung dagegen bedeutet, mich unmittelbar zu unterweisen. Nicht ich zähle, sondern die Grundsätze, nach denen ich mich zu richten habe. In diesem Fall flüstert die Verachtung dem Erwachsenen ins Ohr: „Das Kind weiß noch nicht, was Gut oder Böse ist. Deshalb mußt du es ihm beibringen. Und da das alles nur zu seinem eigenen Besten geschieht, darfst du ohne Rücksicht auch Gewalt anwenden." Die weiche und harte Verachtung treten für gewöhnlich zusammen auf.

Mein Leben ist allein schon deswegen schwer genug, weil ich klein bin und die Erwachsenen so übergroße, erdrückende Riesen sind. Und zudem muß ich nun noch pausenlos ihre Verachtung über mich ergehen lassen. Meine Mutter bevorzugt die weiche, mein Vater die harte Verachtung. Ich brauche nur einmal nach Hause zu kommen, etwas erlebt zu haben und davon begeistert zu berichten, steigt meinen Eltern auch schon die Heiterkeit der Verachtung ins Gesicht. Beide lächeln sie dann. Anstatt auch nur mit einem Wort auf das einzugehen, was ich vorbringe, sagt meine Mutter nur: „Ach, du kleiner Schatz, du!", und mein Vater schweigt oder sagt: „Benimm dich das nächste Mal etwas erwachsener, und mach uns keine Schande. Dann sind wir stolz auf dich." Daher wurde ich bald sehr schweigsam. Wer erzählt schon gerne etwas, wenn auf das Gesagte nicht im geringsten eingegangen wird und man nur Verachtung erfährt?

Dabei gilt in unserem Volk die Arbeit als große Tugend. Und gleich allen Kindern arbeite ich viel mehr als die Erwachsenen. Doch auch meine Arbeit wird verachtet. Früh am Morgen muß ich, ohne vorher ausgeschlafen zu haben, schon aufstehen und zur selben Stunde wie die Erwachsenen zur Arbeit gehen. Am Vormittag arbeite ich, was die reine Stundenzahl anbelangt, nicht mehr oder weniger als ein Erwachsener. Nach dem Mittagessen jedoch beginnt meine Arbeit vor allen Erwachsenen, und wenn am Abend mein Vater von der seinen heimkommt, sitze ich noch bei der meinen am Schreibtisch.

Abgesehen davon also, daß ich von der reinen Stundenzahl her mehr arbeite als ein Erwachsener, ist meine Arbeit auch viel schwerer als die seine. Er kann am Arbeitsplatz dazulernen oder vielleicht auch einfach nur überhaupt nichts lernen. In beiden Fällen hat er es besser als ich, denn meine Arbeit besteht den ganzen Tag über darin, Dinge zu verlernen. Und Verlernen ist um ein Vielfaches schwieriger als Lernen oder Nichtlernen. Dennoch achtet mich niemand um meiner Leistung willen, und obwohl ich mehr arbeite als sie, glauben alle Erwachsenen, ich arbeite überhaupt nicht.

Was habe ich nur an mir? Ist es das Kleine meiner Erscheinung oder das Helle und Piepsige meiner Stimme, das überall nur Verachtung auf mich zieht? „Du bist nichts. Du hast nichts. Einmal, wenn du erwachsen bist, wirst du etwas sein. Aber bis dahin ist noch ein langer Weg." Diese Sätze dröhnen mir wie die vereinten Stimmen eines ewigen Chors entgegen, sobald mich ein Erwachsener auch nur anblickt. Was kann ich denn dafür, daß ich Kind bin? Ist es etwa meine Schuld? Muß ich denn, nur weil ich klein bin, wie ein Aussätziger behandelt werden? „Da! Seht her! Ich bin eine Kreatur mit zwei Köpfen und vier Armen! Seht nur genau her!" Doch auch wenn ich das hinausbrülle, wird mir immer mit derselben lächelnden Verachtung geantwortet. Man gafft weiter in derselben Weise von oben auf mich herab. Ich würde ja gerne erwachsen sein. Nichts auf der Welt will ich lieber! Glaubt ihr etwa, es ist ein Vergnügen, immer nur ein von allen verachteter Nichts und Niemand zu sein? Aber ich kann nichts dazu tun. Die Natur läßt sich nicht zwingen. Schneller, als ich es ohnehin tue, werde ich nicht wachsen, und all eure Verachtung wird diesen Prozeß nicht beschleunigen. Oh, wie sehne ich mich danach, einmal laut all meine Schmerzen hinauszuschreien! Und dann Gehör und Verständnis zu finden und nicht wieder immer nur Verachtung und nochmals Verachtung! Solche Überlegungen aber sind natürlich dumm. Je lauter ich bin, desto größer ist die Verachtung für mich; die weiche wie die harte. Wie also sollte ich durch Schreien etwas anderes als das Gegenteil von dem, was beabsichtigt ist, erreichen? Und selbst wenn man meinen Schrei richtig versteht und deutet – was, wie gesagt, schon völlig unmöglich ist –, würde das nur bedeuten, daß ich damit den Erwachsenen Schrecken einjagte. Und das will ich auf keinen Fall. Ich liebe und achte die Erwachsenen viel zu sehr, um ihnen das antun zu wollen. Wie kommt es nur, daß ich mich von dieser Liebe und Achtung für sie niemals losreißen kann?

Denn sie lohnen mir beides schlecht und kennen für mich nur Verachtung. So habe ich aus mehr als einem Grund gelernt, still zu sein, zu schweigen und mein Leiden geschickt hinter meinem kindlichen, scheinbar glücklichen Lachen zu verstecken.

Aber eigentlich hat es für ein Kind auch Vorteile, verachtet zu sein. Seine Unwichtigkeit und Unmündigkeit beschützt es vor dem großen Haß der Erwachsenen. Meine Mutter erzählte mir vor meinem Schuleintritt immer ein Märchen. Es handelte von einer Frau, die ihr Kind, statt es zu verachten, als gleichgestellte Person betrachtete. Daher haßte sie das Kind auch wie einen Erwachsenen. Ihre Vorwürfe waren grenzenlos: „Neun Monate lang hast du mir zunehmend stärker auf den Bauch gedrückt. Dann mußte ich die Geburtswehen aushalten. Vom Stillen sind meine Brüste unansehnlich und zerdrückt. Deinetwegen muß ich zu Hause bleiben, wenn andere sich amüsieren gehen. Und mein Mann findet mich auch nicht mehr begehrenswert. Alles – einfach alles – machst du mir kaputt." Das Märchen endete damit, daß die Mutter das Kind, das klein, hilflos und zart, wie es war, sich nicht wehren konnte, aus unbändigem Haß totschlug. Dann schlachtete sie es, damit sie wenigstens einmal einen Nutzen aus ihm ziehen könne. Als die Mutter die Gedärme wegwarf, sagte das Herz des Kindes liebevoll, zärtlich und besorgt: „Es tut mir so sehr leid, Mama, daß du dir wegen mir die Hände so schmutzig machen mußt." Sie aber wollte nichts hören, zerschnitt das Herz des Kindes, briet es in der Pfanne und aß es mit ihrem Mann zusammen auf.

Die Lehre dieses Märchens habe ich wohl verstanden. Ich muß also damit zufrieden sein, für alle Erwachsenen nur immer Objekt der Verachtung zu sein.

Ein unglücklicher Tag ist für ein Kind schlimmer als für einen Erwachsenen ein ganzes unglückliches Jahr. Ein Kind hat nämlich ein viel intensiveres Zeitgefühl als ein Erwachsener, und eine Minute schon kann ihm eine Ewigkeit sein.

Die erste Zeit in der Schule saßen wir Kinder dichtgedrängt wie ein Volk von Mäusen und piepsten auch ebenso leise. Wir schienen zu ahnen, daß der Druck, der auf uns lastet, für einen allein nicht zu ertragen ist, und daß wir daher Schulter an Schulter gemeinsam uns stützen müßten. Dies aber dauerte nicht lange. Wir wurden endlich so still, daß selbst unser leises, kaum hörbares Piepsen ganz verging. Die Zwietracht, die man zwischen uns gestreut hatte, bewirkte, daß nun doch jeder für sich sein wollte. Jeder will bei den Guten in der ersten Reihe sitzen und verachtet die Schlechten in der letzten Reihe.

Alle ein bis zwei Jahre erhalten die Lehrer vom Staat einen neu verfaßten Erziehungsplan. In ihm wird erläutert, wie man uns je nach Mode und Zeitgeschmack formen soll. Die Verachtung uns gegenüber, von der diese Pläne getragen sind, geht so weit, daß man uns als verfügbare, so oder anders zu konstruierende oder umzukonstruierende Gegenstände betrachtet. Dann bemitleidet man die Lehrer, weil sie die schwere Aufgabe haben, den neuen Erziehungsplan in die Tat umzusetzen. Uns bemitleidet niemand. Dafür verachtet man uns viel zu sehr. Wir werden als völlig unwissend betrachtet, während die Erwachsenen sich für allwissend halten. Der dümmste Erwachsene hat, nur weil er erwachsen ist, mehr Rechte als das klügste Kind. Dabei sind wir doch schon von Natur aus viel klüger. Wären wir Kinder so dumm wie die Erwachsenen, würden die meisten von uns niemals richtig sprechen lernen. Dennoch wird in allen Erziehungsplänen immer nur viel davon gesprochen, was wir alles lernen müßten. Daß jemand von Kindern etwas lernen könnte, kommt den Erwachsenen allgemein und den Lehrern im speziellen nicht einmal auch nur in den Sinn.

Noch nie ist uns der tiefere Zweck von etwas erklärt worden. Wir wissen nicht, warum wir in die Schule gehen und uns dort abplagen sollen. Es ist eben so. Der Turmbau bringt es mit sich, daß jeder sich Anstrengungen unterziehen muß. Mehr wird uns zu diesem Thema nicht erzählt. Aus Gewohnheit akzeptieren wir willig diese Scheinantwort auf die Frage nach dem Sinn der Schule. Schließlich haben wir unser Leben lang unter Schlägen und Verachtung gelitten und dafür ebenfalls nie einen Grund genannt bekommen.

Laut Gesetz werden wir in der Schule nicht mehr geschlagen. Vor nicht allzu langer Zeit soll es so etwas noch gegeben haben. Heutzutage aber dürfen das nur noch die Eltern, die Lehrer aber nicht mehr. Man hat für uns feinere, unsichtbare Foltermethoden erfunden, die tausendmal schlimmer sind als Schläge. Man setzt uns verlassen und auf uns selbst gestellt in eine verlorene Welt. Wir haben keine Identität und keine Wurzeln in uns. Daher fühlen wir uns mit nichts verbunden, haben keinen Halt. Jeder Lehrer wird uns leicht in die eine oder andere Form gießen können, da uns dies ein Gefühl der Sicherheit gibt. Vorher war das Nichts, und daher ist man dankbar für die einem aufgestülpte Form. Und ebendiese Drohung, uns dem kalten Nichts auszusetzen, ist ein viel grausameres Erziehungsmittel, als dies Schläge je sein könnten. Irgendwo dazuzugehören, in irgendeine Sicherheit gebettet zu sein – oh, wahrlich, dafür wären sogar Schläge (so schrecklich sie auch sein mögen) kein zu hoher Preis!

Ich bin ein guter Schüler, und die Lehrerin mag mich. Gerade deswegen weiß ich aber vielleicht mehr noch als die schlechten Schüler, wie schwer das ständige Verlernen ist, zu dem man uns in der Schule zwingt. Bevor ich in die Schule kam, konnte ich deutlich, sinnvoll und in schönen Sätzen sprechen. Dann aber lernten wir lesen. Das vollzog sich in so häßlichen und in ihrer Sinnlosigkeit nahezu unverständlichen Sätzen wie „Das ist Saus. Das ist Klausa. Saus und Klausa spielen. Saus und Klausa haben Eltern. Das ist der Vater. Das ist die Mutter. Die Eltern haben die Kinder lieb." So dumme, monotone, an sich jedes Sinnbezugs entbehrende Sätze dürfte ich meinen Eltern gegenüber nicht gebrauchen. Sie würden denken, ich sei verrückt geworden. So also verlernte ich, um lesen zu können, vernünftiges Sprechen. Denn ich bin ein guter Schüler. Im Rechnen verlernte ich dann, normal über meine Finger zu denken. Plötzlich sollte jeder einzelne von ihnen mit irgendwelchen toten Formen, die man „Zahlen" nennt, in Verbindung stehen. So also verlernte ich auch den natürlichen Bezug zu meinen Fingern. Ja, ich verlernte und verlernte, bis schließlich aller Sinn in mir gestorben war und mir nur noch ein Kopf voller Unsinn übrigblieb.

Geht es um die Frage der Noten, kneifen meine Eltern regelmäßig die Augen in einer Weise zusammen, die mich schaudern läßt. Meine Eltern schlagen mich gelegentlich. Das bräuchten sie nicht. Es genügt doch schon ein Blick dieser Riesen, um mir solche Angst einzuflößen, daß ich am liebsten sterben würde. Ihr Blick, verbunden mit einem Zucken der Augen, reicht aus, um mir das Gefühl zu vermitteln, daß ich besser gar nicht erst geboren wäre, wenn ich mich nun unterstehen und schlechte Noten haben sollte. Dies kommt daher auch nicht vor.

Ein Kind hat einen anderen Stoffwechsel als ein Erwachsener. Stillsitzen verursacht ihm Schmerzen. Meine Beine, die ich unter der Schulbank nicht bewegen kann, tun mir nach einigen Stunden immer so weh, daß ich gerne weinen würde. Ich nehme aber auf die Lehrerin Rücksicht und enthalte mich, sie mit solchen kindischen Leiden zu belasten.

Schreiben wir eine Klassenarbeit, habe ich solche Angst, eine schlechte Note zu erhalten, daß ich heimlich unter der Bank vor Nervosität pinkeln muß. Der Urin verteilt sich dann im Stoff von Hose und Unterhose. Habe ich beim Frühstück am Morgen vorher viel getrunken, kann es sogar vorkommen, daß mir die warme Körperflüssigkeit am Bein entlang bis hinunter in die Schuhe rinnt. Ist die Schule dann vorbei, wage ich kaum, aufzustehen und mein Versteck hinter der Bank zu verlassen. Einmal muß ich es aber doch tun, und dann schleiche ich mich schnell und mit schlechtem Gewissen an der Lehrerin vorbei, die mich glücklicherweise nicht genug beachtet, um zu sehen, was passiert ist. Dann laufe ich so lange ziellos in den Straßen umher, bis meine Hose zumindest halbwegs trocken ist. Komme ich dann endlich nach Hause, schimpft mich meine Mutter und wirft mir vor, ich hätte mich nur so lange herumgetrieben, weil ich mich vor den Hausaufgaben drücken wolle. Dann erwidere ich nichts, denn alles, was ich sagen könnte, würde die Verachtung für mich nur noch größer machen.

Jedoch in diesem schrecklichen Leben habe ich eine Hoffnung, einen Traum, ein Wunschbild, an das ich mich klammere und das mich vor dem Sterben bewahrt. Wie lange es auch immer dauern wird, eines Tages werde ich erwachsen sein. Dann werde ich für all das, was man mir einst angetan hat, Rache nehmen. Ich werde Kinder haben und sie noch mehr verachten, als ich selbst verachtet wurde. Das wird mich für alles entschädigen. Von dieser Hoffnung lebe ich, denn wovon sollte ich auch sonst leben?

Zwischenkommentar des Archäologen

Soweit also dieses echte „Kuriosum" im Bereich schriftlicher Texte. Niemals in meinem Leben ist mir oder meinen Kollegen etwas Vergleichbares unter die Augen gekommen. Für den Fall, daß wir im Rahmen des Fortschritts, den unsere Forschungen machen, das Rätsel um diesen Text noch aufdecken sollten, werden wir dies in einer unserer Veröffentlichungen sofort bekanntgeben. Nach unserem bisherigen Wissensstand jedoch muß dieses Geheimnis vorerst noch ungelöst bleiben.

Auch die nächste und in dieser Sammlung letzte Quelle des Staates Nous birgt noch ungelöste Fragen in sich. Der Text ist offensichtlich von einem alten, sterbenden Einsiedler verfaßt. Er scheint eine Art Lebensbericht darzustellen, als habe der greise Verfasser vor seinem Tode noch seine Memoiren schreiben wollen.

Der Text wurde zusammen mit einer Anzahl ähnlicher Schriften, die von mehreren, verschiedenen Verfassern stammen, in einem Gebäude der Hauptstadt von Nous gefunden. Es ist bisher noch nicht eindeutig identifiziert worden, aber es könnte sich hierin um eine Art staatliche Zensurbehörde gehandelt haben. Das ist aber bisher nur eine Vermutung. Fest steht jedenfalls, daß Schriften wie die nun folgende aus irgendeinem Grund dort gesammelt wurden.

Die Erzählung selber, die in Ich-Form gehalten ist, beschreibt das Leben eines Menschen, der unter den Bürgern von Nous mit Sicherheit die Rolle eines Außenseiters innehatte. Wir hielten es jedoch für zweckmäßig, am Schluß dieses Bandes auch noch eine nicht repräsentative Stimme des Staates Nous zu Worte kommen zu lassen. Dadurch wird das Bild, das wir von dieser Kultur zu vermitteln suchen, nochmals abgerundet.

Der Text ist ungekürzt. Verständnisschwierigkeiten beinhaltet er nicht, wenngleich er uns das Leben in Nous von einer sehr ungewöhnlichen Seite zeigt. Daher wurde weiter oben schon erwähnt, daß auch dieser Text einige bisher nicht zu beantwortende Fragen aufwirft.

Der Einsiedler

Der Wald ist gestorben, und auch ich will sterben. Ich habe keinen Grund mehr zu leben.

Oh, was bin ich müde, so müde! Ich kann kaum denken. Nur gut, daß niemand weiß, daß ich sterben will, weil der Wald stirbt und somit alles stirbt. Verlachen würde man mich. Ja, verlachen! „Bist du denn eine Fichte oder eine Tanne", würde man mich fragen „daß du glaubst, sterben zu müssen, wenn die Bäume sterben?" Ja, ihr lacht. Wäre ich nicht zu erschöpft dazu, wäre ich es, der über euch lachen würde. Was seid ihr für Wesen, wenn ihr nicht wißt, daß alles tot ist, wenn der Wald tot ist?

Doch ihr seht und hört nicht. Der schwere Rauch aus euren Produktionsstätten hat euch längst die Augen zerfressen, und der Lärm eurer Straßen hat euch die Trommelfelle zerfetzt. Ihr atmet, eßt und trinkt beständig Gift, und nicht einmal die Ältesten unter euch haben je den Geschmack von giftfreier Luft und Nahrung gekannt.

Ach je, was bin ich so müde, so erschöpft! Ausgemergelt ist mein Körper und ebenso mein Geist. Warum schreibe ich das hier? Um vor dem Sterben ein letztes Lebenszeichen zu geben? Damit nach dem Tode etwas von mir übrigbleibt? Ach, hätte mich doch nur schon endlich das Nichts aufgesaugt, damit ich nicht mehr denken und vor allem nicht mehr fühlen müßte.

Was ist das Leben doch an sich für eine nie versiegende, unendliche Quelle der Lust! Und was habt ihr daraus gemacht, ihr Besserwissenden, ihr Klugen, ihr, die ihr auf eure Kultur und Errungenschaften stolz seid? Ich werde es euch sagen: Eine nie versiegende Quelle des Leidens habt ihr daraus gemacht. Unser Leben, das von Natur aus Quelle der Lust ist, habt ihr in eine des Leidens verwandelt. Wohl bekomm' es euch! Ach, wäre ich doch nicht zu erschöpft, um über euch zu lachen. Keine Nacht könnt ihr ruhig schlafen, da euch der vergangene und der kommende Tag in euren Träumen ängstigen. Und doch verflucht ihr den Morgen, der euch den Schlaf raubt, und klagt über zuviel Arbeit. Ihr tut mir nicht leid. Von mir aus könntet ihr alle untergehen. Alle, wie ihr da seid, ihr Pervertierer des Lebens, ihr Töter des Waldes! Das Dumme ist nur, daß, wenn ihr alle sterbt, ich mit euch ins Massengrab muß. Und daher wünsche ich euch doch nicht den Untergang, obwohl ihr ihn tausendfach verdient.

Nicht wahr, alle haltet ihr euch für so klug? Und Menschen, die wie ich bescheiden sind, verachtet ihr. Die Natur, ja, die betrachtet ihr als große Feindin. Alles, was von ihr kommt, wollt ihr los sein. Zu Fuß gehen ist eine Schande und ziemt nur euren Kindern, die ihr als unmündige, naturnahe Wesen verachtet. Man bewegt sich in Fahrzeugen fort, in öffentlichen oder privaten. Das ist euer Stolz, und ihr fühlt euch mächtig, wenn ihr schnell vom Fleck kommt. Früher standen eurer Geschwindigkeit noch Bäume wie letzte Mahnmale der Weisheit im Weg. Die Unvernünftigsten unter euch haben sich an ihnen totgefahren. Doch ihr haßt die Weisheit. Ihr habt alle Bäume sterben lassen und haltet euch für klüger als die Weisheit. Dafür erstickt ihr jetzt, denn ohne Pflanzen gibt es keine Luft.

Pervers und verdorben seid ihr alle. Nichts gibt es, was ihr nicht schändet.

Wie schön war das einst! Das Abend- und Morgenrot im Grünen. Ein Tag gab dem anderen die Hand, und alle zusammen wurden sie ein Chor, der sang: „Schön ist das Leben! Schön ist die Welt!"

Doch ihr habt es ja besser gewußt. Ihr wolltet das nicht mehr. Hinter riesigen, häßlichen, klotzhaften Häusern versteckte ihr euch vor dem schönen Wandel von Hell und Dunkel, der jedes Gemüt mit soviel stillem Glück erfüllt. Ihr habt für die Nacht künstliches Licht. Bevor es dunkel ist, geht es an, und erst, wenn es schon wieder hell ist, geht es aus. „In der Nacht amüsieren wir uns so gut wie am Tag!" jauchzt ihr und stolziert hochmütig nachts in hellerleuchteten Straßen herum. Oh, könnte das künstliche Licht der Straßen doch nur ein wenig Helligkeit in das gänzliche Dunkel eures Geistes bringen! Da, wo die Natur das Licht verabscheut, laßt ihr es leuchten, und dort, wohin die Natur es setzt (nämlich ins Gemüt), ist bei euch nichts als Nacht und Finsternis. Ihr wißt nichts von der Glückseligkeit der Menschen, die abends durch einen Wald mit gesunden Bäumen spazieren und die mit dem grenzenlosen, ungebrochenen Vertrauen eines kleinen Kindes der Mutter gegenüber wissen: „Wenn Tag ist, soll Tag sein, denn das ist schön. Und wenn Nacht ist, soll Nacht sein, denn das ist schön."

Doch euer Hochmut kennt keine Grenzen. Wer zum Wechsel von Tag und Nacht und überhaupt zum ganzen herrlichen Rhythmus der Natur unbeschränktes Vertrauen hat, den nennt ihr einen „Primitiven“, „Wilden“, „unrealistischen Träumer“, „weltfremden Spinner“, „schlechten Arbeiter und schlechten Bürger“ und behauptet, daß so jemand erst einmal euer Niveau erreichen muß, bis er verdient, von euch beachtet zu werden. Oh, wie dankbar bin ich, daß ich euch nicht in die Falle ging, nicht an eure falschen Werte glaubte und auf euer Niveau hinabgestiegen bin!

Ihr streitet euch, wie man am besten viel und schnell produziert und zivilisiert zusammenlebt. Streitet nur weiter, denn selbst eure Streitigkeiten machen euch nur immer blinder und treiben euch dem Untergang entgegen. Ihr zankt euch, und der eine sagt: „Laßt uns die Häuser bis zu den Wolken bauen!“ und der andere: „Nein, laßt sie uns bis in die Wolken bauen!“ Und der eine wie der andere sehen nicht, wie unerträglich häßlich und abstoßend eure Häuser sind. Kein Grün wächst auf ihnen. Dies sollte euch eine Warnung sein. Die Natur will euch retten und ruft euch zu. „Hier blüht und gedeiht nichts“, sagt sie, „folglich nehmt euch in Acht: Orte, die von den Pflanzen gescheut werden, müssen schlechte Orte sein.“ Doch ihr hört und seht nichts und zankt an den wirklichen Dingen vorbei. Von was ihr nicht immer gerüttelt werdet, nichts rüttelt euch jemals aus eurem Schlaf, sondern wiegt euch nur noch tiefer in den verderblichen Schlummer.

„Ein guter Geist kennt nur gerade Linien“, sagt ihr und baut eure Städte und Straßen nur im rechten Winkel. Seht ihr ein paar Büsche am Straßenrand, murmelt ihr: „Seht die Büsche. Sie passen hier gar nicht her, und außerdem lockern ihre Wurzeln vielleicht den Boden unserer Straßen auf.“ Ihr Scheuklappenkreaturen! Ihr Rechtwinkeldenker! Seht ihr denn nicht, daß die Häßlichkeit der Straßen eine Beleidigung für die Büsche ist? Und müßt ihr nicht dankbar sein, wenn ihre Wurzeln sie unterhöhlen und zu zerstören suchen? Die Natur will euch damit doch nur warnen und den richtigen Weg zeigen. Aber nein! Euch scheinen die Büsche und nicht die Straße häßlich. Ihr werdet schließlich ärgerlich und sägt sie um oder reißt sie sogar mit den Wurzeln aus. Doch der Tod eines jeden Baumes und Busches rächt sich. Eure Gefühle sind zu sehr abgestorben, als daß ihr noch ein schlechtes Gewissen haben könntet. Gerade deswegen aber wird die Rache für den Tod der Bäume besonders groß und heftig sein.

Die Natur bietet euch das Glück an. Sie legt euch jeden Tag alles Schöne vor die Türe. „Tanzt! Seid froh! Spielt barfuß im Sonnenschein zwischen der Blütenpracht meiner Wiesen!“ ruft sie euch zu. Doch hinter kahlem Stein, Dunkelheit verbreitenden hohen Häusern und sogar Stacheldraht verbergt ihr euch vor all diesen Geschenken, von denen jedes ein reines Versprechen der Glückseligkeit ist. Nichts wird von euch verlangt. Ihr bräuchtet nur einfach dazusitzen. Die Natur trägt von selbst das Glück auf Händen und legt es in jedem Augenblick eures Lebens vor euch hin. Nichts also braucht ihr dazuzutun. Zum Glücklichsein würde es ausreichen, es einfach geschehen zu lassen. Aber ihr weigert euch. Und das sogar mit Gewalt! Ihr flüchtet euch in die Häßlichkeit der großen Städte und versteckt euch dort hinter hohen Mauern. Und selbst dort fühlt ihr euch noch nicht sicher vor den glückbringenden Geschenken der Natur. Steht irgendwo noch ein sterbender Baum, betrachtet ihr ihn mit Angst und Mißtrauen. Leute schickt ihr aus, die die Pflanzen quälen und nach eurem Willen formen sollen. Ihr nennt sie „Gärtner“. Sie verunstalten Baum, Strauch, Wiese dann so sehr, daß sie alles Natürliche verloren haben und ihr euch der Illusion hingeben könnt, daß auch die Pflanzen nun genauso geformt und „zivilisiert“ seien wie ihr selbst.

Doch eines habt ihr vergessen, ihr blinden Arroganten, ihr Hochmütigen. Ihr selbst seid Naturwesen, und daran wird sich auch niemals etwas ändern. Und indem ihr die Natur zerstört habt, habt ihr den Ast abgesägt, auf dem ihr sitzt.

Daher vergeht euch kein Tag, an dem ihr nicht unter dem Druck eures alptraumartigen Lebens zu leiden hättet. Im Schlafen wie im Wachen seid ihr verstört und orientierungslos. Und lange dauert es nicht mehr, da werdet ihr tot sein, wie die Bäume.

Schon als Kind begann ich euch zu hassen, ihr stolzen Naturbeherrscher. Jede Blume hatte in ihrer Zärtlichkeit tausendmal mehr Gefühl und Sprache als ihr, obwohl doch eigentlich ihr es seid, denen von der Natur ein Mund zum Sprechen verliehen wurde. Und als junger Mann schon verließ ich euch. Ich zog hierher in den Norden, in die Einsamkeit des Waldes.

Doch so einsam war es gar nicht. Schon vor mir hausten hier Gleichgesinnte. Wir lebten in kleinen Gruppen aus Frauen, Männern und Kindern zusammen und verbargen uns alle vor der Verführung der Zivilisation unter dem schützenden Blätterdach der Bäume. Ach, wie hatte mich in seiner schon wahnsinnig gewordenen Schönheit der Wald damals gelockt. Sein Sterben hatte bereits begonnen, und kurz vor dem Tod blüht ein Baum nochmals wie verrückt. All diese Pracht war ein letztes, verzweifeltes Aufbegehren gegen das unausbleibliche Ende. Ich wußte die Zeichen wohl zu deuten, aber ich sagte mir: „Selbst wenn all diese unendliche Schönheit schon ein Zeichen des nahen Todes ist, will ich sie doch, solange sie noch währt, aus vollem Herzen genießen und alle bösen Gedanken und Ahnungen in mir unbeachtet lassen! Die Zeit, die dem Wald gegeben, ist kurz und die meine auch. Ich will die kleine Weile, die uns beiden noch geschenkt ist, in Freude und Lust verbringen."

Wir dachten in diesem Punkt alle gleich, erfreuten uns nur der Schönheit und beachteten den Tod nicht, mit dem sie bereits schwanger war. Es gab nichts, das nicht immer sofort auch unser Vorteil geworden wäre. Hatten wir Hunger, erfreuten wir uns am Essen, hatten wir Durst, genossen wir das Trinken, und war es zu heiß, badeten wir vor Vergnügen laut kreischend nackt im kalten Wasser und legten uns dann auf den weichen Gras- und Moosboden. Alles war Quelle der Lust. Am schönsten aber war es im Winter, wenn es fror und Schnee lag. Dann saßen wir alle in Decken gehüllt eng aneinandergeschmiegt um ein Feuer. Alle Scheu verschwand, es gab keine Geheimnisse mehr, jeder gab sich genau so, wie er war, und erzählte seine, nur ihm eigene Geschichte. Wie weit die Eigenart des einzelnen aber auch immer ging, die Gemeinsamkeiten zwischen den verschiedenen Erzählungen waren dennoch sehr groß. Die Geschichte eines jeden war doch nur immer die Beschreibung der ewigen Suche nach Liebe, Wärme, Spiegelung und einfühlsamer Begleitung. Einem Mitmenschen ohne Verstellung und nur im reinen, mühelosen Selbstsein etwas bedeuten zu können, war das eigentliche Ziel und Wunschbild von uns allen. Und gerade deswegen war es für jeden einzelnen ein so großes und wichtiges Erlebnis, daß er, frei seinen wahren Empfindungen folgend, seine Geschichte erzählen konnte und dabei ernst genommen und geachtet wurde. Auch ich erzählte meine Geschichte, wie ich sie noch nie vorher hatte schildern können, und im Erzählen entdeckte ich sie stets von neuem und wurde mir meiner selbst dabei mit jedem Wort sicherer. Ich entdeckte zum ersten Mal in all seiner Tragweite das entscheidende Schlüsselerlebnis, das mich dazu gebracht hatte, in dem schon sterbenden Wald leben zu wollen.

„Als kleines Kind wohnte ich in einem Haus gleich gegenüber einer großen Produktionsstätte. Wie dies bei allen Kindern der Fall ist, wurden ich, meine Gedanken und Gefühle von den Erwachsenen verachtet, nur weil es nicht die Gedanken und Gefühle eines Erwachsenen, sondern die eines Kindes waren. Daher lebte ich in völliger Isolation. Zwar waren meine Eltern sehr besorgt um mich und verwandten viel Zeit und Kraft auf meine Erziehung. Ich benötigte jedoch keine Erziehung, sondern Ansprache und Ernstgenommenwerden meiner Besonderheiten. Die in meinen Eltern liegende Verachtung hinderte sie jedoch daran, auch nur im geringsten auf mich einzugehen und meine wahren Bedürfnisse wahrzunehmen. Erst einen Erwachsenen braucht man ernst zu nehmen, dachten sie, und so blieb ich gleich allen Kindern völlig einsam.

Niemand half mir, mich selbst und meine Empfindungen zu verstehen. Ich war daher meinen Gefühlen gegenüber mißtrauisch geworden. Man tat unbewußt auch alles, dieses Mißtrauen zu fördern. Ich bekam unentwegt den Eindruck vermittelt, daß ich meine Gefühle nicht ernst nehmen dürfe, da ich ja ein Kind und kein Erwachsener sei.

Befangen in diesem Mißtrauen gegen mich selbst spielte ich jeden Tag auf der Straße. Am späten Nachmittag verließen die Arbeiter in großen Scharen die Produktionsstätte. Nahezu ohne Ausnahme kam mir jeder von ihnen – die Männer wie die Frauen – abstoßend bis zur Widerlichkeit vor. Beraubt jedes natürlichen Gefühls, erschien mir jeder einzelne primitiv und gewalttätig. Bald stellte ich mir folgende Frage: ‚Verbrachten diese Menschen Vor- und Nachmittage in dieser Produktionsstätte, weil sie primitiv waren, oder waren sie primitiv, weil sie ihre Vor- und Nachmittage in dieser Produktionsstätte verbrachten?‘ Ich schämte mich dieser Frage, denn wie jedes Kind bewunderte ich im Grunde meines Herzens die Erwachsenen. Ich weiß nicht, wie mir das gelungen war, aber ich hatte trotz allem noch genug Vertrauen zu mir und meinen Gefühlen, um zu wissen, daß diese Menschen nicht ohne jeden Grund so abstoßend auf mich wirken konnten. Ich wollte dem Rätsel auf die Spur kommen. Eines Nachmittags überwand ich daher meine Angst, überquerte den großen Hof und trat in das offene Tor einer riesigen Produktionshalle ein. Ich war schon vorher einigen Arbeitern begegnet, aber niemand beachtete das kleine Kind. Der Lärm in der Halle war ohrenbetäubend. Es war unmöglich, daß Menschen hier noch miteinander sprächen. Einige Arbeiterinnen hatten mich entdeckt und sahen auf mich herab mit dem typischen Lächeln der Erwachsenen beim Anblick einen Kindes, das sie selber für ein Zeichen von Zuneigung halten. In Wirklichkeit aber besteht es doch nur aus Verachtung. Ich beachtete die Frauen daher nicht weiter. Die laufenden Maschinen hatten mich in ihren Bann gezogen. Sie standen links und rechts von mir in langen Reihen, und ich ging den Weg dazwischen entlang. ‚Wie war das hier möglich geworden?‘ fragte ich mich. Sind hier menschliche Wesen zu Maschinen geworden, oder wurden hier Maschinen zu menschlichen Wesen? An dem ohrenbetäubenden Lärm erschien mir am schlimmsten, daß er nicht einmal monoton war. Immer wieder ratterten das Knarren und Quietschen der einen oder anderen Maschine aus dem allgemeinen Geräuschgemisch hervor. Man konnte sich somit nicht einmal an den Lärm gewöhnen, da er stets von neuem lästig und aggressiv war. Wie weit mußte wohl ein Mensch jedes natürlichen Gefühls beraubt sein, um es an einem solchen Ort auch nur eine Minute auszuhalten? Und all diese Menschen verbrachten hier jeden Tag viele Stunden. Natürlich stellte ich mir damals als Kind all diese Fragen nicht eigentlich denkerisch, sondern nur gefühlsmäßig.

Ich weiß nicht – vielleicht lag es an dem Lärm, aber ich konnte plötzlich überhaupt nicht mehr denken oder fühlen. Mein Kopf war mit einem Mal leer gebrannt. Alles um mich schien befangen in einem alptraumartigen, dumpfen Rausch. Ich wollte nur noch flüchten; weg und hinaus ins Freie. Aber ich war im Weg irre geworden. Ich fand den Ausgang nicht mehr und verlor mich in noch größeren Lärm zu noch mehr Maschinen, die erneut in langen Reihen standen und offensichtlich für gewisse Zwecke so angeordnet waren. Vor einer Reihe, wo kein Mensch mehr war und eiserne Arme gewisse Metallstücke von einer Maschine zur anderen weiterreichten, blieb ich stehen. Es war so schrecklich zu sehen, wie bei jedem Einzelvorgang ein riesiger Maschinenteil auf das arme weitergereichte Metallstück immer wieder von neuem herabfiel und es mit Gewalt in eine gewisse Form preßte. Ich identifizierte mich plötzlich mit diesen kleinen Metallstücken, hielt sie gleich mir für lebende Wesen und wollte sie unter allen Umständen retten. Ich machte einen übereilten Angriff auf die erste Maschine. Mit beiden Armen umschlang ich eines ihrer Teile und biß mit meinen Schneidezähnen fest in ihn hinein, als könne ich sie so zerstören. Ich fühlte noch, wie ich hochgehoben wurde und mein Mund, dessen zarte Lippen einen vergeblichen Kampf gegen kaltes Eisen aufgenommen hatten, zersprengt wurde. Dann sank ich in eine tiefe, schwarze Nacht.

Mein Gesicht war völlig zerschnitten und Arme und Beine an mehreren Stellen gebrochen. Die Ärzte glaubten, ich bliebe bis an mein Lebensende ein Narbengesicht. Aber nein: Alles verheilte schnell. Die Knochen der Arme und Beine waren bald wieder zusammengewachsen. Und ein paar Jahre später verschwanden sogar die letzten Spuren der Narben aus meinem Gesicht. Dies alles zeugt von meiner Stärke. Mein Körper wurde wieder völlig rein, und der Unfall hinterließ äußerlich nicht das geringste. Meine unsichtbare Seele jedoch blieb vernarbt. Nein, ich wollte mein Leben nicht mit den Maschinenmenschen verbringen! Damals als Kind wußte ich allerdings noch nicht, wie ich diesen Entschluß in die Tat umsetzen würde, denn ich konnte mit niemandem darüber reden.

Doch ich war feinfühlig und aufmerksam geworden. Ich spürte immer noch Dinge, die fast alle längst zu spüren verlernt hatten. Die Unmöglichkeit zu lernen und die stete Pflicht zu verlernen, der Mangel an wahrer menschlicher Nähe, der zu kurze, unruhige Schlaf und die müden Tage waren alles Umstände, die niemand außer mir auch nur zu bemerken schien. Ich aber hatte mir den Sinn dafür bewahrt und merkte dies alles in jedem Augenblick meines Lebens. Daß man über die Luft mit denkhemmenden Gasen stets vergiftet wurde, war für mich auch eine klare, allgegenwärtige Tatsache. Doch behielt ich all diese Kenntnisse für mich, weil sie mitzuteilen gefährlich war, obwohl sie ohnehin niemandem verständlich gewesen wären. Ja, hätte ich einmal die ganze Wahrheit deutlich herausgesagt, wäre ich nur verlacht oder sogar in ein Irrenhaus gesteckt worden. Doch im Gegensatz zu meinen Mitmenschen stumpfte ich nie ab und blieb stets aufmerksam. Die Narben meiner Seele beschützten mich davor, wie alle anderen zu werden. Ich war stets auf der Suche nach einem Weg, der aus dem allgegenwärtigen Wahnsinn hinausführen könnte. Die einzigen Menschen, mit denen ich gelegentlich Umgang hatte, waren die von allen verachteten ehemaligen Insassen der Irrenhäuser. Ich lernte viele von diesen Menschen kennen, und sie waren die einzigen, mit denen mir ein engerer Kontakt sinnvoll und lehrreich erschien. Da traf ich eines Tages jemanden, der unter ihnen zu den schwersten Fällen zählte. Ich war auch nur kurze Zeit mit ihm zusammen, da er bald wieder ins Irrenhaus zurückmußte. Er erzählte mir, daß er, da er zu den Unheilbaren zähle, schon im schlimmsten aller staatlichen Irrenhäuser gewesen sei. Es befinde sich weit weg an der äußersten Grenze des Landes, wo ein Gebirge beginne und ein Niemandsland. Ich hatte keine Gelegenheit mehr, ihn weiter über die betreffende Gegend zu befragen, bei welcher es sich um die hiesige handelte, aber mein Entschluß war auch ohnehin schon gefallen. Ich zog hierher in den sterbenden Wald. Ich war bereit, es auf mich zu nehmen, in der Einsamkeit zu leben, und bin glücklich, euch alle hier gefunden zu haben und nun mit euch ein Leben der Lust und Freude führen zu können. Durch Regierung und Priester verführt, sagen die Leute in den Städten: ‚Leben ist Leiden.' Wir alle aber wissen: ‚Leben ist Lust.'"

Als ich mit meiner Erzählung geendet hatte, wurde ich von mehreren meiner Kameraden umarmt und geküßt. Dies war bei uns üblich, jeder wurde so behandelt, und meine Geschichte war gewiß nicht ergreifender als die eines jeden anderen. Meine Gefährten hatten alle Elternhaus, Schule und Arbeitsplatz durchlitten. Viele von ihnen waren im Irrenhaus oder – was noch schlimmer ist – beim Militär gewesen. Alle hatten wir genug gelitten, um zur Weisheit zu gelangen.

Nicht Klugheit hatte uns gerettet, sondern die Aufmerksamkeit unseren Gefühlen gegenüber. Ich bin auch heute noch sicher, daß die Menschen in den großen Städten im Grunde genommen nicht anders empfanden als wir, nur verlegten sie sich darauf, den vom Staat vorgeschriebenen Weg der Betäubung zu gehen. Ja, ich glaube, es steckt noch mehr als blinder Gehorsam hinter ihrem Verhalten. Die Menschen haben Angst; vor den eigenen, wahren Gefühlen. Denn würden sie diese einmal in ihrem ganzen Ausmaß spüren, wäre es ihnen unmöglich, ihr Leben so weiterzuführen. Daher haben sie vor nichts so sehr Angst wie vor der Wahrheit ihrer Gefühle. Würden sie diese nämlich empfinden, ständen sie plötzlich vor dem Nichts und müßten ganz neu anfangen. Das aber will niemand. Daher wird die Lüge heiliggesprochen, und tausend Mittel der Betäubung werden herangezogen, damit Lüge nicht als das erkannt wird, was sie ist.

Wir alle ähnelten uns darin, daß wir „Erwachte" waren. Ächzten und stöhnten wir ehemals unter dem Druck des harten Lebens, sagten wir nicht heimlich zu uns: „Warte nur, bis der Abend kommt, dann erwartet dich viel Entspannung und Vergnügen." Nein, wir lebten in der Gegenwart und wußten, daß ein Leben mit Stöhnen und Ächzen immer und grundsätzlich falsch ist. Tröstet man sich über die eigene Qual durch den Gedanken an einen Abend mit Kurzweil hinweg, wird alles nur noch verkehrter, als es ohnehin schon ist. Zu dieser Erkenntnis gelangt zu sein, war gar nicht einmal eine Art „persönliches Verdienst" von uns. Wir alle verdankten unsere Hellhörigkeit und Aufmerksamkeit in diesen Dingen nur dem einen oder anderen Schlüsselerlebnis, das wir gar nicht willentlich herbeigeführt hatten.

Da wir nicht wie die meisten anderen Menschen in Betäubung lebten, hatten wir uns hier im Wald eingefunden. Und jetzt, wo wir hier zusammen im Wald waren, erwachten wir noch zunehmend mehr. Kein Tag verging, ohne daß von dem Schutt auf unseren Seelen nicht wieder ein Häufchen mehr abgetragen wurde. Daher wurden unsere Seelen beständig leichter. Früher in unserem alten Leben hatten wir Angst, uns ungezwungen zu bewegen; so schwer lastete der Schutt auf unseren Seelen. Nun lernten wir sogar tanzen, ohne dabei von Hemmungen eingeengt zu sein. Auch Reime zu dichten und sie dann laut hinauszusingen, hatten einige von uns schon gewagt. Diese Kunst aber erwarben wir erst dann so richtig, als wir jemanden trafen (oder vielmehr, als jemand zu uns kam), der uns dies lehrte.

Es war eines Morgens im Frühling. Die schon kraftvoller gewordene Sonne machte die Tage wieder klarer, länger und wärmer. Es wurde früh hell. Um ein großes Feuer geschart hatten wir den ersten Teil der Nacht mit Erzählen und Lachen zugebracht. Allmählich aber waren die Stimmen leiser geworden und jeder schlief warm in eine Decke gewickelt auf dem weichen Moosboden nahe des Baches, an dem wir lebten, ein. Obwohl ich mich als letzter dem Schlaf überlassen hatte, wachte ich doch als erster auf. In meinem früheren Leben betrachtete ich den Schlaf als eine Erlösung und liebte ihn daher. Jetzt jedoch schätzte ich ihn nur noch wegen der schönen Traumgebilde, die er brachte. Ansonsten lehnte ich ihn ab, da ich das Leben so sehr lieben gelernt hatte, daß mir jede Minute kostbar und erstrebenswert schien.

Auch an diesem Morgen wachte ich also als erster auf. Ich hatte keinen Grund, es zu bereuen. Unten bei uns im Tal war es noch schattig und nahezu dunkel. Nur einige Dunstwolken nahe des Baches glänzten ein wenig silbergrau. Der Himmel jedoch war schon blau.

Im Westen verschwanden die letzten Sterne und im Osten spiegelte sich das erste Rot der Morgensonne in einigen zarten Wolken. Die Wipfel des bunten Mischwaldes hoben sich auf den Gipfeln der Hügel in klaren, phantastisch verzackten Umrissen vom hellen Himmel ab. Die Erde roch nach Leben. Wenn ich die Hand über das Moos unter mir gleiten ließ, war es mir, als ströme dadurch, daß ich einen Teil von dem, was ich sah, berührte, die Kraft des Ganzen in mich ein. Eine Sehnsucht nach enger Berührung, ein Wunsch in alles über- und hinüberzugleiten erfüllte mich. Ich war glücklich im Tal, doch ich stand trotzdem auf und stieg den Hang hinan, so berauscht war ich von allem. Ich wußte, daß ich nichts falsch machen konnte und daß mir die kleinen Einzeldinge ebenso wie das Ganze, das ich sah, gleichermaßen Quellen der Lust sein würden.

Ich war barfuß. Als ich den Hang hinaufstieg, setzte ich vorsichtig und behutsam einen Fuß vor den anderen. Bei jedem Schritt legte ich eine kurze Pause ein, preßte die nackten Füsse glatt auf den Boden und wurde an dieser Stelle eins mit dem Untergrund. Die Gräser, Blumen und Steine, auf die ich stieg, waren noch sehr kühl von der Nacht, doch niemals hätte es passieren können, daß meine Füsse wirklich kalt geworden wären, so sehr ruhte mein ganzer Körper eingebettet in das Gleichgewicht des Waldes. Ich ging hier als Fremdling, denn ich war ganz ich selbst. Meine Haut war warm. Die Rinde der Baume und die grünen Flächen der Pflanzen jedoch waren kühl. Wenn ich aber auch ein Fremdling war, so war ich doch kein Eindringling. Ich gehörte dazu. Die Tiere, die wir jagten und von denen wir uns ernährten, lebten von den Pflanzen und kleinen Tieren und waren gleich mir mit warmem, pulsierenden Blut gefüllt. Und auch unter meinem Schritt starben Blumen und Insekten. Dies Zerstörerische war eben auch ein notwendiger Teil all dieser unendlichen Schönheit. Trank ich das Blut eines gerade erlegten Tieres, glitt es warm meine Kehle hinunter und gab mir Kraft für mehr als einen ganzen Tag. Es gibt nichts Böses, solange alles eines ist und Schönheit nur stets immer in Schönheit zurück fällt. Die Erde schien mir beim Steigen meine nackten Füsse zu liebkosen und taubenäßte Gräser blieben angeschmiegt zwischen meinen Zehen kleben. Ich richtete meinen Blick auf den Gipfel. Er war plötzlich strahlend hell geworden, denn das Licht der Morgensonne hatte ihn erreicht. Neben einem dichten Busch am höchsten Punkt erblickte ich eine Frau mit sehr langem Haar, das ihr bis unter die Hüften reichte. Sie war noch zu weit entfernt und die Sonne schien zu hell gerade in ihr schimmerndes Gesicht, als daß ich ihre Züge hätte erkennen können. Sie sang mit einer Frauenstimme so laut und deutlich, daß es im Tal ringsumher widerhallte:

Geht ins Land der Echos
Dort, wo im Dunkel wie im Hellen
Dunkle und helle Echos
Bei Tag wie bei Nacht
Sich kreuzen und ineinanderwallen.
Geht ins Land der Echos, dort,
Wo man eins wird mit allem.*

Dann warf sie mit der Hand etwas Staub in die Luft, und an einigen Funken erkannte ich, daß es sich um teilweise noch heiße Asche handeln müsse. Um sich die Hand nicht zu verbrennen, hatte sie gewiß etwas Erde unter die Asche gelegt und nun beides emporgeschleudert. Der Morgenwind trieb die Funken über sie hinweg nach hinten über den Hügel. In derselben Richtung verschwand auch sie selbst.

---

* Die Originalfassung ist in Reimen geschrieben. Im Interesse einer sinngetreuen Übersetzung können diese jedoch nicht wiedergegeben werden.

Erstaunt stieg ich nun schnell auf den Gipfel zu, um die seltsame Frau von Angesicht zu Angesicht zu sehen und anzusprechen. Als ich oben angekommen war, fand ich jedoch nur eine Feuerstelle vor, in der die Asche noch glomm. Sie aber war verschwunden.

Ich ging hinab zu meinen Gefährten.

Einige von ihnen, die kurz nach mir erwacht waren, hatten die Frau vom Tal aus beobachtet, und die übrigen waren spätestens von ihrem Gesang geweckt worden. Wir konnten uns nicht genug über die seltsame Erscheinung wundern. Keiner von uns hatte das Aussehen der Frau richtig erkannt.

Vor allem ihren Haaren schrieb jeder eine andere Farbe zu. Im Glanz der Morgensonne war die scheinende Gestalt nicht richtig zu erkennen gewesen.

Wir waren uns aber alle einig, daß ihr Gesang eine Botschaft an uns war, ihr zu folgen. Und wenn sie wirklich wollte, daß wir mit ihr gingen, würde sie zweifellos wieder auftauchen. Ich sagte: „Wenn das geschieht, werde ich nicht zögern, mit ihr zu gehen. Ich bin frei, und solange ich den Wald nicht zu verlassen brauche, kann alles für mich immer nur besser werden." Meine Gefährten gaben mir recht, und wir kamen überein, der Frau zu folgen, falls sie uns erneut erschiene.

Und tatsächlich stand sie am anderen Morgen an derselben Stelle und sang mit gleicher Stimme das Lied vom Vortag. Wir erhoben uns und erstiegen den Hügel. Als wir vom Gipfel aus ins jenseitige Tal blickten, sahen wir sie halbverdeckt zwischen den Bäumen uns zuwinken. Wir folgten ihr den ganzen Tag über, und sie war stets fern von uns, aber doch so nahe, daß sie jedem sichtbar blieb. Noch immer konnten wir uns über die Farbe ihrer langen Haare nicht einig werden.

Dies änderte sich auch nicht an den nächsten Tagen, während derer wir ihr noch immer folgten. Einige von uns wurden neugierig und wären der seltsamen Frau gerne nahegekommen, um zu wissen, wie sie aussah. Andere wiederum wurden aufsässig und beklagten sich: „Warum folgen wir einer Unbekannten? Da unten am Bach hatten wir alles, was wir wollten. Es wäre besser, wir ließen sie und kehrten um." Da sie uns aber jeden Morgen aus der Ferne mit ihrem immer gleichbleibenden Lied weckte, antwortete ich auf diese Klagen: „Nein, folgen wir ihr! Ich will dieses ‚Land der Echos' kennenlernen." Andere wieder glaubten sogar, wir hätten es mit einer Verrückten zu tun. „Warum kommt sie nicht her und redet normal mit uns?" meinten diese. „Sie muß verrückt sein, und wir sind es auch, wenn wir ihr weiter folgen."

Trotz all dieser Bedenken hatte niemand von uns wirklich die Absicht, von der seltsamen Frau abzulassen. Hätte man sowohl die Aufsässigen als auch die Zweifler beim Wort genommen und den Rückweg eingeschlagen, wäre jeder von ihnen wohl sofort von seinem Standpunkt abgerückt und hätte Gegenteiliges behauptet. In Wirklichkeit waren wir nämlich alle erregt und darauf gespannt, welches Ende unser Abenteuer wohl nähme.

Unser Weg ging unablässig weiter ins Waldesinnere auf das Gebirge zu. Daher brauchte niemand vor etwas Angst zu haben, denn Gefahren gab es nur außerhalb, aber nicht innerhalb des Waldes. Die Gegend wurde auch zunehmend gebirgiger. Die flachen und runden Hügel verwandelten sich immer mehr in kleine Berge mit spitzen Gipfeln.

Endlich kamen wir an eine Stelle, wo zwei große Berge eine Art Klamm bildeten. Sie war so schmal, daß wir sie aus der Feme gar nicht gesehen hatten und glaubten, unsere seltsame Führerin leite uns direkt zu einer unüberwindlichen Felsenwand hin. Die Nacht brach gerade an, und in der Klamm selbst war es völlig dunkel. Die Neugierde aber trieb uns an, und wir beschlossen, sie trotzdem sofort zu durchqueren. Der Boden war auffallend eben, und wir hielten es für möglich, daß sich hier einst ein Fluß seinen Weg gebahnt hatte, der nun ausgetrocknet war.

Als wir endlich auf der anderen Seite aus der Klamm heraus wieder ins Freie gelangten, war es schon völlig dunkel geworden. Im Licht der Sterne sahen wir nun ein reich bewachsenes Tal vor uns, das von bewaldeten Hängen begrenzt war. Manchmal schien es uns, als antworte etwas auf die Geräusche, die wir durch unser Gehen oder durch unser Reden verursachten. Ja, meine Stimme kam mir plötzlich verändert vor. Ich hatte das Gefühl, daß ihr jedesmal, wenn ich sprach, aus dem Dunkel etwas antwortete. Es war, als vermischten sich die Laute meiner Stimme beständig mit einem mich umgebenden, geheimnisvollen Klang. Da uns nichts weiter zu tun übrigblieb, hüllten wir uns in unsere Decken, schmiegten uns warm aneinander und schliefen wegen der durch unsere Neugierde hervorgerufenen Spannung erst nach langem Liegen und auch dann nur in wirren Träumen ein.

Am anderen Morgen weckte uns beim ersten Tageslicht nicht wieder das schon gewohnte Lied, sondern nur die laute, klare Stimme unserer Sängerin und Führerin. Sie stieß von irgendwo in langen Abständen einzelne helle Schreie aus. Und diese wurden von und nach allen Seiten in unendlichen Echos wiedergegeben. Ich stand entzückt auf, stieß gleichfalls einen Schrei aus, und meine Stimme vermischte sich in unzähligen Echos mit der ihren. Wir waren am Ziel.

In der Mitte des Tales befand sich ein sehr warmer, dampfender See, der von einer heißen Quelle gespeist wurde. In ihm entdeckten wir bald die merkwürdigsten Fische, die leicht zu fangen und gut zu essen waren. Durch die warme Quelle wuchsen hier auch viele große Bäume, behangen mit eßbaren Früchten. Überall waren zahlreiche Vögel und andere Tiere. Als wir das alles sahen, jauchzten wir laut vor Lust, und unsere Stimmen hallten in unendlichen Echos von den Berghängen wider. Nahe der heißen Quelle war die Erde so warm, daß wir dort sogar ohne Decken die Nacht verbringen konnten. Im See zu baden, war für jeden ein solches Vergnügen, daß wir kein Ende fanden, uns in dem warmen Wasser aufzuhalten. Von jetzt an hatten wir Nahrung in Hülle und Fülle und im Winter einen Platz, wo wir vor Kälte geschützt liegen und schlafen konnten.

Die erste Zeit über schien die Frau, der wir die Entdeckung dieses Paradieses zu verdanken hatten, verschwunden. Dann aber sahen wir sie wieder kurz zwischen den Bäumen des Waldes oder hörten sie am Morgen in schönen Reimen singen. Sie schien allmählich Vertrauen zu gewinnen und ihre Scheu schrittweise abzulegen. Saßen wir am Abend nach Einbruch der Dunkelheit um unser Feuer, ließ sie sich in einiger Entfernung nieder. Sie schien uns zu beobachten. Jeder von uns hätte ihr gerne einmal aufgelauert, um sie aus der Nähe zu sehen. Aber wir waren dankbar dafür, daß sie uns hierhergeführt hatte. Daher respektierten wir sie und ihre Scheu viel zu sehr, als daß wir gewagt hätten, ihr gegen ihren Willen nahezukommen. Sie schien unsere Rücksichtnahme zu spüren, wurde daher zunehmend vertrauensvoller und setzte sich bei jedem Mal näher an unseren Lagerplatz.

Eines Abends nahm ich etwas von unserem Essen und legte es auf halbem Wege zwischen ihr und uns auf die Wiese. Sie verstand die Geste, und als ich mich wieder zu den anderen zurückbegeben hatte, trat sie näher und nahm die Nahrung vom Boden auf. Dann ging sie wieder zurück an die Stelle, wo sie vorher gesessen hatte. Dabei kam sie uns kurz so nahe, daß jeder glaubte, die Farbe ihres Haares im Feuerschein erkannt zu haben. Wir konnten uns jedoch wieder nicht einigen, welche es sei.

Wir hatten uns bald daran gewöhnt, ihr jedesmal bei Einbruch der Dunkelheit ein wenig entfernt von uns etwas zu essen hinzustellen. Eines Abends jedoch nahm sie es wie immer vom Boden auf, aber anstatt sich zurückzuziehen, kam sie auf uns zu. Sie setzte sich mitten zwischen uns nahe ans Feuer. Vor Erstaunen waren wir alle auf einen Schlag still geworden. Nur das Knistern des brennenden Holzes war zu hören. Sie blickte ins Feuer und aß. Ich glaube, daß in diesem Augenblick jeder von uns sie gleichermaßen entgeistert anstarrte. Jetzt nahmen alle Streitigkeiten um sie ein Ende, denn wir sahen sie nun alle ganz deutlich aus der Nähe.

Ihr langes Haar war brünett, an einigen Stellen aber auch blond oder grau. Es bedeckte zum Teil ihre Wangen, deren weiße, helle Haut im Schein des Feuers zwischen einigen Strähnen hindurchstrahlte. Die Gesichtszüge um Mund und Augen waren so fein, daß man Angst bekam, diese Frau auch nur laut anzusprechen, da schon das bereits auszureichen schien, sie in ihrer Zartheit zu verletzen. Ihre Schönheit war von einer Art, die wehtat.

Von diesem Augenblick an blieb sie und lebte mitten unter uns. Sie sprach selten etwas, und man wußte nie, was sie im nächsten Moment tun würde. Bei Tagesanbruch verschwand sie im Wald, und man hörte da oder dort ihr Singen, das manchmal laut genug war, um als Echo zwischen den Berghängen hin und her zu wallen. Gelegentlich gab sie auch in Gesellschaft einige Worte von sich, und ihre Stimme war beim Sprechen ebenso klar und rein wie beim Singen. Aber im Gegensatz zu uns anderen erzählte sie niemals etwas über sich.

Jedoch einer meiner Kameraden kannte sie. Er wußte zwar ihren Namen nicht, konnte uns aber etwas über ihre Vergangenheit berichten. „Ich war einmal“, erzählte er, „im schlimmsten aller Irrenhäuser, das sich an der Grenze des Staates, da wo der Wald beginnt, befindet. Dort sah ich sie auf der Abteilung für ‚unheilbare Fälle'. Man gibt den Inhaftierten auf dieser Abteilung geisttötende Medikamente, schlägt und schindet sie den ganzen Tag über. Sie muß wohl irgendwie von dort entkommen und in den Wald geflüchtet sein. Ihr seltsames Verhalten ist leicht zu erklären. Wer einmal in der Abteilung für ‚unheilbare Fälle' war, wird – sofern er überhaupt überlebt hat – entweder wahnsinnig oder weise sein. Sie ist wohl beides."

Da sie uns ihren Namen nicht verriet und auch sonst nie etwas über sich erzählte, nannten wir sie einfach „sie". Sagte einer: „Sie ging heute morgen wieder in den Wald" oder „Sie kam gegen Abend zurück", wußte jeder, wer gemeint war.

Durch ihr bloßes Vorbild lehrte sie uns, Reime zu erfinden und in ihnen zu singen. Es schien sie sehr glücklich zu machen, daß wir ihr nacheiferten. Wann immer sie jemanden von uns singen hörte, antwortete sie heiter dem Sänger mit einem ihrer Lieder. Sie verstand es meisterhaft, den eigenen Gesang dem fremden immer so gut anzupassen, daß jedesmal ein Kanon zustande kam.

Als ich eines Morgens, von der mich umgebenden Schönheit unseres Tales berauscht, beim ersten Licht der Dämmerung in den Wald gegangen war, betrachtete ich den roten Reif der Sonne, der sich gerade über einen Gipfel schob und sang:

Die Winde streicheln die Wellen des warmen Sees,
Und die Sonne empfängt stolz die Liebkosungen meiner Hände.
Die Farben spielen mit den Tönen
Ihr altes Spiel aus gleitenden Rundungen,
Die sich als Schmuck um meine Arme legen.
Die Nächte säuseln den Hauch der Sterne
Unter den fruchtbaren Humus der Erde,
Und meine Augen durchdringen alle bewaldeten Berge,
Bis ich bald auf ewig, mit allem
Eins werdend, mich auf toten Göttern
Im Land der Echos betten werde.*

---

* Auch hier ist das Original in Reimen geschrieben. Diese können abermals im Interesse einer sinngetreuen Übersetzung nicht übertragen werden.

Sie aber war in der Nähe und antwortete mit einem sinngleichen gesungenen Text. Ich sang meine Reime noch einige Male, und sie antwortete stets mit einer anderen, aber immer zu der meinen passenden Melodie. Wie ich das schon in meinem Gesang zum Ausdruck gebracht hatte, fühlte ich mich mit allem – sie mit eingeschlossen – eins.

Sie kam endlich auf mich zu und sagte: „Der Text deines Liedes verrät, daß du verstanden hast, was ich damals meinte, als ich zum ersten Mal vom Hügel herunter zu euch sang, daß man im Land der Echos mit allem eins wird. Es ist gewiß kein Zufall, daß du der erste von euch warst, der mich zu sehen bekam und der mir gleich beim ersten Mal näher war als alle anderen." Kaum hatte sie diese Worte gesagt, wandte sie sich um und verschwand zwischen den Bäumen des Waldes.

Auch in der Folgezeit blieb sie ein Geheimnis für mich. Etwas Gemeinsames verband uns, und ich fragte mich, ob ich diese Frau begehrte. Ich bedurfte ihrer nicht, da es in unserer kleinen Gemeinschaft keine Verbote gab. Für gewöhnlich konnte man den Vater eines Kindes nicht mit Sicherheit ausmachen. Das war auch nicht wichtig, denn wir hatten alle unsere Kinder gleich lieb. Wir lebten eng aneinandergeschmiegt zusammen, und jeder schlief, mit wem er gerade Lust hatte. Sie aber hatte nie mit jemandem intimen körperlichen Kontakt. Ich sagte mir endlich, daß, wenn sie einmal mit einem Mann schlafen wollte, gewiß ich der Betreffende sein würde. Ich beobachtete sie manchmal mit einer gewissen Begierde, aber ihre Schönheit war so zart, daß ich mir nicht vorstellen konnte, daß diese Frau eine Schwangerschaft durchstehen könnte. Zwar waren wir durch unser naturverbundenes Leben alle gesund und kräftig, und die Frauen bekamen ihre Kinder leicht. Warmes Wasser für ein Neugeborenes gab es ebenfalls genug. Doch „sie" bildete eine Ausnahme. In allem war sie etwas Besonderes. Ich kann auch nicht sagen, daß ich sie wirklich leidenschaftlich begehrte und darunter litt, daß dieses, mein Bedürfnis unbefriedigt blieb. Nein, unser Leben war von solcher Art, daß es keine Unbefriedigtheit gab. Ich fühlte mich einfach nur zu ihr hingezogen. Ihre Schönheit hatte dieselbe Ausstrahlung von Wahnsinn und Todesnähe wie die im Sterben übermäßig blühenden Bäume. Dies zog mich heftig an, aber ohne einen unbedingten Wunsch nach körperlicher Vereinigung in mir zu wecken.

Dann rückte allmählich die schlimme Zeit heran, von deren Kommen wir alle schon immer gewußt hatten, ohne offen darüber gesprochen zu haben. Als wir in unserem Tal angekommen waren, leuchteten uns die Berghänge in grünen und allerlei anderen lebhaften Farben entgegen. Gleichsam, als ob der Wald sich schäme seines nahen Endes, legten die noch wild blühenden sterbenden Tannen ihre Äste über die bereits gefallenen Bäume. Die Natur verhielt sich, als gelte es, das herankommende Ende – wenn es schon nicht aufzuhalten war – zumindest so lange als möglich zu verheimlichen. Dann aber brachen auch diejenigen Tannen und Fichten in sich zusammen, die ihre toten Kameraden bislang noch schamvoll verdeckt hatten. An den Hängen bildeten sich immer mehr große dunkelbraune Flächen zwischen dem gewohnten Grün. Bei jedem Regen saßen wir sorgenvoll zusammengekauert und überlegten uns, wieviel Gift mit jedem einzelnen Tropfen aus den Wolken wohl nun wieder auf den geliebten Wald herabginge.

Die Laubbäume erwiesen sich als widerstandsfähiger als die Tannen und Fichten. Sobald die letzteren aber tot waren und nichts als verfaulende, braungraue, daniederliegende Stämme und Äste hinterlassen hatten, neigten auch die Laubbäume sich dem Sterben zu. Es war, als handelten sie aus Mitgefühl mit ihren nadeltragenden Brüdern. Entsetzt sahen wir mit an, wie die Bäume schon im Frühling und Sommer rötliches und gelbbraunes Herbstlaub trugen. Und endlich wurden sie ganz kahl. Sie starben um so schneller, als der vorangegangene Tod der Nadelbäume das natürliche Gleichgewicht bereits zerstört hatte. Alle schädlichen Insekten vermehrten sich ungemein und lebten in den widerstandsschwachen Bäumen. Stechmücken und Fliegen nahmen so überhand, daß wir Tag und Nacht von ihnen gequält wurden. Die Sonne brannte auf die dunkle, einst von Nadelbäumen geschützte Erde, und das Wasser glitt schneller als sonst von den Hängen. Die sterbenden Laubbäume wurden somit nicht nur vergiftet, sondern litten unter der Hitze, den Insekten und dem Wassermangel.

Endlich starben auch sie. Nun begann das Schrecklichste. Einige Zeit hielten die Wurzeln der schon toten und umgestürzten Bäume das Erdreich noch. Bald aber vermoderten sie. Der giftige Regen spülte daraufhin ungehindert das Erdreich von den Hängen. Hatte bisher ein wenig Gras,

Kraut und Moos da oder dort noch für einen grünen Fleck gesorgt, verschwand nun endgültig jedes natürliche Lebenszeichen. Das Regenwasser wusch die Erde von den Felsen, und bald starrte uns von überallher kahles Gestein an.

Es konnte nicht ausbleiben, daß unser schönes Tal dadurch völlig versumpfte. Der herrliche, aus einer warmen Quelle gespeiste See verschlammte, und es wurde unmöglich, sich in seiner Nähe aufzuhalten oder gar wie bisher in ihm zu baden. Von der warmen Quelle vertrieben, flüchteten wir auf die Hänge, denn das ganze Tal wurde durch das von den Felsen herabgespülte Erdreich allmählich ein Sumpf. Bei jedem Regen glitt das Wasser ungehemmt von den Bergen ins Tal, und dort, wo einst blühende Wiesen waren, entstand ein lebloser, schmutziger Morast.

An den Hängen war das Leben für uns aber ebenfalls unmöglich geworden. Das vergiftete Regenwasser weichte unsere Decken auf, und kein Baum gab uns mehr wie früher Schutz vor Regen, Schnee oder Wind. Einige von uns verließen kurz unser Tal, um nachzusehen, ob nicht irgendwo anders noch ein Flecken sei, an dem es möglich wäre zu leben. Ich ging nicht mit ihnen, denn ich wußte im voraus, daß sie nichts finden würden. Kein anderes Tal hatte sich in seinen natürlichen Bedingungen als so günstig erwiesen wie das unsere. Und war in ihm schon kein Leben mehr möglich, mußte anderswo nur um so mehr dies der Fall sein. Die kleine Gruppe Suchender kehrte bald erschöpft und mutlos zurück. Auch alle anderen Täler hatten sich in einen grauen Sumpf verwandelt.

Die Tiere waren zunehmend seltener geworden und starben endlich völlig aus. Dies bedeutete für uns alle endgültig den Untergang. Eine Fortführung unseres Lebens im Gebirge wurde unmöglich. Wir hatten kein Obdach mehr und fanden uns Hunger und Kälte schutzlos ausgeliefert. Lange Zeit über redeten wir kein Wort, so verzweifelt war jeder von uns. Endlich brach eine Frau das Schweigen und sprach aus, was alle dachten: „Es hat keinen Sinn mehr. Wenn wir überleben wollen, müssen wir in die großen Städte zurück, von wo wir einst herkamen.“ Niemand gab eine Antwort. Es regnete, und wir saßen eng aneinandergeschmiegt in unseren aufgeweichten Decken. Erst nach einer langen Pause sagte einer der Männer: „Der Herbst wird bald beginnen, und niemand von uns, schon gar nicht die Kinder, könnte den darauffolgenden Winter unter diesen Umständen überleben."

Am anderen Morgen schon waren alle aufbruchbereit. Die Vorbereitungen hatten sowenig Zeit in Anspruch genommen, weil niemand viel besaß, das er hätte mitnehmen können. Unsere Führerin von einst war an diesem Tag nicht aufzufinden. Sie hatte sich gewiß hinter einem der kahl gewaschenen Felsen versteckt. Ich weigerte mich als einziger mitzugehen. „Ich will nicht", sagte ich, „zu denen zurück, die für all das Schreckliche verantwortlich sind. Ich könnte unter den Mördern des Waldes nicht leben. Die Menschen in den großen Städten sind wie eine Pest, die alles Leben vernichtet. Ich bleibe lieber hier, als zu ihnen zurückzukehren." Einer fragte mich: „Aber wovon willst du leben? Hier findet man nichts mehr zu essen." Ich antwortete: „Ich werde mich von dem Gift ernähren, das hier überall in der Luft und im Wasser ist und über die Lunge und den Magen in den Körper eindringt. Es betäubt das Hungergefühl, und wenn ich nebenher verfaulte Wurzeln esse, wird mein Verdauungssystem intakt bleiben, und ich werde überleben können. Und selbst wenn ich es nicht kann und sterbe, dann sterbe ich eben. Alles ist mir lieber, als zu den Mördern des Waldes in die großen Städte zu gehen und bei ihnen zu leben." Nach dieser, meiner Antwort erwiderte niemand mehr etwas. Es waren auch alle viel zu verzweifelt, um reden zu wollen. Als sie sich schon zum Gehen gewandt hatten, sagte ich ihnen noch laut zum Abschied: „Es wäre besser für euch, ihr würdet hier mit mir sterben. Denn ihr seid gar nicht mehr fähig, in den großen Städten zu leben. Ihr werdet so oder so umkommen." Sie antworteten nicht und gingen. Die Erwachsenen hatten die Kinder auf die Schultern oder bei der Hand genommen. Lange sah ich dem armseligen Häufchen Menschen nach, bis sie endlich in der Ferne in der Klamm verschwanden, die das Tal mit der Außenwelt verband.

Unsere ehemalige Führerin hatte sich wirklich zwischen den Felsen versteckt. Sie kam auf mich zu, wir standen uns nahe gegenüber und blickten uns gegenseitig schweigend in die Augen. In diesem öden Niemandsland tat es mir wohl, in das Gesicht eines Menschen sehen zu können. Dann nickte sie, hüllte sich in eine feuchte Decke und stieg auf einen Granitvorsprung. Dort ließ sie sich nieder und starrte regungslos in die tote Landschaft.

Jeder von uns beiden hatte jeweils einen kleinen, trockenen Platz unter einem vorspringenden Felsen auf den Hängen gefunden. Er war bei ihr und mir gerade groß genug, um halbwegs geschützt liegen zu können. Solcherart lebten und schliefen vorerst wir getrennt. Ich hatte verfaultes Holz auf einem Felsen zum Trocknen ausgelegt. Als der Winter begann, konnte ich Feuer machen, und sie kam, um sich bei mir zu wärmen. Es gelang mir, genug Holz zu trocknen, um jeden Abend ein Feuer machen zu können. So liefen wir nicht Gefahr, im kalten Dunkel zu erfrieren. Eng aneinandergeschmiegt saßen wir die Nächte über in feuchten Decken um ein Feuer in einem trostlosen Totenreich. Gelegentlich glitten Schneelawinen laut krachend ins Tal, da nun kein schützender Wald mehr da war, der sie aufhielt. Jedesmal hätte eine davon auf uns niedergehen können, und wir zuckten beide vor Angst, wenn wir ein solches Getöse hörten. Nie sprachen wir ein Wort. Kein Kuß und keine Umarmung wurde zwischen uns gewechselt. Dafür war unsere Verzweiflung viel zu groß. Nur die Wärme unserer Körper ging zwischen uns hin und her. Der Frühling kam, und in der warmen Jahreszeit schliefen wir die Nächte über wieder an getrennten Plätzen. Die Winter jedoch verbrachten wir eng aneinandergeschmiegt. Die Jahre vergingen, und wir begannen, schwarzen Teer, der mit Blut vermischt war, auszuhusten. Das Gift in der Luft, dem die Bäume bereits zum Opfer gefallen waren und von dem wir uns durch die Atmung ernährten, fing an, uns zu vernichten. Unser Tod rückte heran.

In einem Winter waren die Lungen meiner Gefährtin vom Gift endlich so zerstört, daß es abzusehen war, daß sie das Frühjahr nicht mehr erleben würde. Ich war robuster als sie und hielt dem Gift besser stand. Sicher war es auch mein Trotz, der mich widerstandsfähig machte. Lieber hier darbend zu leben und früh zu sterben, als in die großen Städte zu den Mördern des Waldes zu gehen: Das war ein Entschluß, der mir durch den Abscheu, von dem er getragen wurde, Kraft verlieh. Mit meiner Gefährtin aber war dies anders. Sie wollte vielleicht sogar in die großen Städte zurück, konnte es aber nicht, da es nur in der Natur ein Leben für sie gab. Ich hingegen hätte es gekonnt, wollte es aber nicht.

Die Nähe des Todes vergrößerte noch ihre Schönheit. Sah ich sie an, glaubte ich, daß ein Teil von dem Wahnsinn, der ihre Schönheit so unermeßlich machte, auf mich überspränge. Ihre Lippen waren bläulich geworden, und ihre Augen nebst den Brauen hoben sich von der blassen Gesichtsfarbe dunkel ab.

Eines Wintermorgens, als ich neben dem noch glühenden Feuer aufwachte, fand ich mich allein. Wo war sie? Ich blickte hinunter ins Tal. Direkt vor mir befand sich die Stelle, wo einst die heiße Quelle gewesen war. Sie hatte sich in einen Sumpf verwandelt, und es war gefährlich, sich dorthin zu begeben. Der Sumpf aber war an dieser Stelle warm, dampfte im Winter und war das ganze Jahr über frei von Schnee und Eis.

Plötzlich kam sie hinter einem Felsen hervor. Ihre wahnsinnige Schönheit ließ mich schaudern. Sie schien irgendwie verwandelt, und ihre Augen waren groß und tief geworden. Sie trat auf mich zu, ließ das Kleid von ihrem Körper fallen und stand nun völlig nackt vor mir. Sie schauderte nicht, und nur ihre zusammengezogenen Brustwarzen zeugten davon, daß die winterliche Kälte noch für sie existierte. Ich hatte sie noch nie so gesehen. Sie war so schön, daß mir jeder, selbst der kleinste Blick auf sie weh tat. Sie hielt mir ihre Hand hin und sagte nur: „Komm!“

Ich legte meine Hand in die ihre, und wir stiegen hinunter zu dem warmen Sumpf. Ich sah nur sie. Alle Angst vor dem Sumpf hatte ich verloren. Ich war mir einzig der Wärme bewußt, die dort auf uns wartete. Ich hatte meine Decke, in die ich nackt eingehüllt gewesen war, liegengelassen und ging entblößt wie sie neben ihr her, ohne die winterliche Kälte oder den Schnee unter meinen Füßen zu spüren.

Der Sumpf war wirklich erstaunlich warm, und wir erschauderten fast angesichts seiner hohen Temperaturen. Wir hatten beide keine Angst vor dem Versinken. Was ich empfand, als wir beide, uns umfangend haltend, eng aneinandergeschmiegt in den warmen Morast fielen, ist mit Worten eigentlich nicht zu beschreiben. Wenn ich es dennoch niederzuschreiben versuche, so geschieht dies nur, um mein Mitteilungsbedürfnis zu befriedigen. Doch alle Worte geben zwangsläufig nur ein Zerrbild der Wirklichkeit wieder. Das tatsächlich Geschehene und Empfundene läßt sich jedoch, wenn man einfühlsam und phantasiebegabt ist, hinter diesem Zerrbild erahnen.

Die ganze Verzweiflung, die mich davon abgehalten hatte, diese Frau je zu begehren, war in einem einzigen, kurzen Augenblick von mir abgefallen. Daher war es nun, als werde all die unsagbare Lust, die sich in jahrelanger Entbehrung angestaut hatte, auf einen Schlag ihrer letztendlichen Befriedigung entgegengeführt. Wir erdrückten uns beinahe, so sehr schien der eine mit seinem ganzen Körper in den des anderen eindringen zu wollen. Ich hatte einen ihrer Schenkel zwischen die meinen genommen, den mit heftigen Auf- und Abwärtsbewegungen sie rieb über die zarte, sensible Haut auf der Innenseite meiner Beine. Kontrastierend mit der Wärme unserer Körper und des uns umgebenden Morastes lief mir ein zutiefst angenehmer Kälteschauer über meinen Rücken. Ich entfernte meinen Unterleib einen Augenblick lang von dem ihren, damit sie Gelegenheit bekäme, ihre Beine mit leicht angezogenen Knien gleich zwei Blättern einer Blüte auseinanderzufalten und mich ganz zu ihr kommen zu lassen. Als ich mit den Fingern vorher noch den oberen Rand ihrer Schamlippen streichelte und die Innenfläche meiner Hand dabei von warmer, seidiger Gleitflüssigkeit ganz naß wurde, erschauderte ich nochmals. Ihre Scheide war so feucht, daß ich mühelos und so schnell in sie eindringen konnte, als würde ich in ihr versinken. Ich spürte, wie sehr sie auf mich gewartet hatte.

Wir liebten uns lange, umgeben vom warmen Morast, mit solcher Innigkeit, als gelte es, alle Entbehrungen unseres ganzen Lebens durch einen einzigen Liebesakt für immer auszugleichen und ungeschehen zu machen. Wie weit weg waren all dieser Tod und das Gift um uns herum! Das Ende der Welt sollte ruhig kommen und uns aufsaugen. Wir würden verschlungen werden, aber es würde uns zusammen und vereint verschlingen.

Endlich blieben wir erschöpft liegen. Zum ersten Mal kam mir wieder zu Bewußtsein, wo wir uns befanden und in welcher Gefahr wir schwebten. Ein Schritt in die falsche Richtung, und wir wären auf immer im Morast versunken. Ich teilte ihr meine Besorgnis mit und forderte sie auf, sich mit mir näher zum Rand hin und aus dem Sumpf heraus zu begeben. Sie aber schüttelte nur den Kopf und lächelte: „Das, was wir gerade taten, habe ich mir für die Stunde meines Todes aufgehoben. Letzte Nacht fühlte ich, daß es mit mir zu Ende ginge. Ich schlich mich weg von dir und hustete fern im Schnee die letzten Reste meiner Lungen heraus. Das Gift will es, daß ich jetzt unmittelbar vor dem Sterben noch einmal wie schon lange nicht mehr zu Kräften gekommen bin und in eine Art grenzenloser Hochstimmung verfiel. Ich wußte schon lange im voraus, daß sich der Tod so ankündigen würde. Auf diesen Augenblick hatte ich gewartet, um eins mit dir zu werden. Nun ist alles vorbei und zu Ende."

Ich blickte sie erschrocken an. Aus ihrem Mund quoll plötzlich helles Blut hervor. Doch sie hustete dabei nicht. Offensichtlich war der dafür zuständige Nerv schon abgestorben. Ich betrachtete das Blut, das sich auf ihrer weißen Haut verteilte, und abermals tat mir die unendliche Schönheit ihres Körpers geradezu weh.

Trotz des aus ihrem Mund hervorquellenden Blutes sagte sie ruhig, ohne dabei zu keuchen: „Der Wald ist tot. Ich als Naturwesen sterbe mit ihm. Jetzt, wo er tot ist, will ich auch gar nicht mehr leben. Hier im Sumpf nahe der warmen Quelle soll mein Grab sein. Dort will ich hinabgleiten, um im Tod mit dem eins zu werden, was von der zerstörten Natur noch übrig ist. Auch du wirst bald sterben, aber glaube mir, die Menschen in den großen Städten werden uns nur kurze Zeit überleben. Ist der Wald erst tot, stirbt bald alles. Auch sie werden das erfahren." Nach einer kurzen Pause neigte sie den Kopf zur Erde und hob mit einer Hand etwas Schlamm auf, den sie hingegeben betrachtete, als träume sie von der einst so fruchtbaren Erde, die sich hier einmal befunden hatte. „Ich gehe jetzt", sagte sie dann, blickte mich abermals an und warf den Schlamm in ihrer Hand mit einer ruckartigen Armbewegung zu Boden. „Halte mich nicht zurück. Diese letzte Kraft, die gerade für ein paar Schritte ausreicht, habe ich dafür vorgesehen, auf die warme Quelle, die mein Grab sein soll, zuzugehen."

Obwohl es mir schwerfiel, gehorchte ich und ließ sie ungehindert gehen. Denn ich erkannte die Symbolik ihres Vorhabens und wußte, was ein solcher Tod ihr bedeutete. Ohnehin war sie nur noch ein Schatten, und warum hätte ich sie daher daran hindern sollen, in ihr selbsterwähltes Grab zu steigen? Während sie wankend in den Morast hinein auf das Zentrum der Quelle zuging, versank sie immer mehr, bis sie endlich lautlos an ei-

ner Stelle ganz verschwand. Einige rote, blutige Blasen an der Oberfläche zeigten an noch eine Weile den Ort ihres Hingangs.

Ich bäumte mich auf, stieß einen lauten Schmerzensschrei aus, trat einige Schritte aus dem Morast heraus und schmetterte dann zusammengekauert meine Stirn so lange gegen einen Felsen, bis mir das Blut aus der Nase auf den Handrücken tropfte und ich das Bewußtsein verlor.

Ich weiß nicht, wie lange es dauerte, bis ich frierend, nackt im Schnee liegend, wieder erwachte. Nun begann für mich ein jahrelanges eintöniges Leben unter einem Felsvorsprung. Ich saß immerzu an derselben Stelle, denn ich kannte keinen Ort, an den zu gehen ich mir hätte wünschen können. Ich träumte von der Zeit, als der Wald noch lebte. Damals wurde ich nie müde, hin und her zu wandern, da jeder einzelne Ort im Grünen immer wieder noch schöner war als der andere.

Jetzt aber sitze ich nur noch still und regungslos da. Das Gift in meiner Lunge tut seine Wirkung, und vor Müdigkeit kann ich kaum noch denken. Gift nährt wenig und zerstört viel. Daher bin ich so mager, daß alle meine Knochen zu sehen sind. Ich werde auch bald sterben. Das ist nicht schlimm für mich. Nicht mehr jedenfalls. Wald und Natur sind tot, und da ich ein Naturwesen bin, ziemt auch mir nun der Tod. Ich weigere mich nicht. Wozu auch noch leben?

Der Sumpf im Tal verfügt nun durch den immerwährenden Zustrom von Regenwasser in seiner Mitte sogar schon über einen braunen, schmutzigen und leblosen Fluß. Ich werde bald auf die Stelle der ehemaligen heißen Quelle zugehen, um dort in der warmen, einst so schönen Erde nahe bei meiner Gefährtin begraben zu sein.

Als ich diese Zeilen zu schreiben anfing, war ich wütend und schimpfte wie ein alter Mann (der ich zwar durch den Grad meiner Vergiftung, aber von meinen Jahren her noch gar nicht bin). Jetzt aber bin ich ruhig. Ich werde mein Geschriebenes hier in einen wasserdichten Behälter tun und es noch vor meinem Tode gleich einer Flaschenpost in den besagten Fluß werfen. Falls wider Erwarten noch irgendwo Menschen leben, könnten sie, sofern sie überhaupt dazu fähig sind, aus meinem Schicksal etwas lernen.

Die Erde ruft, die Gefährtin ruft. Ach, Schönheit! Ach, Leben, du nie versiegende Quelle der Lust! Ich komme zu euch. Wartet! Gleich bin ich da! Zu lange schon war ich euch fern gewesen.

Nachwort des herausgebenden Archäologen

Hier endet der Bericht des Einsiedlers. Es ist eigentlich nicht ganz klar geworden, weswegen dieser Mann die Wildnis dem geordneten Leben in der Zivilisation vorzog. In der Geschichte der Menschheit gab es aber schon immer eigenwillige Außenseiter, deren Verhalten wohl stets mehr oder weniger unverständlich bleiben wird.

Die erste Frage, die wir angesichts der hier veröffentlichten Quellen stellen könnten, wäre nun: „Können wir vom Staat Nous etwas lernen?“ Dies kann man mit Sicherheit verneinen, da zwischen unserer und dieser längst untergegangenen Kultur naturgemäß keinerlei Ähnlichkeiten bestehen. Nous ist und bleibt also für uns nur eine Art spannendes Gedankenspiel und Rätselraten.

Vor allem die Frage nach den vermutlichen Gründen für den plötzlichen Untergang dieser Kultur muß gänzlich offen bleiben. Sowohl die hier abgedruckten als auch die übrigen uns vorliegenden Quellen geben keinerlei Aufschluß über die Ursachen dieser Katastrophe. Wie auch aus diesem Band klar zu entnehmen ist, kennzeichnete sich Nous durch eine wohl geregelte soziale Organisation. Absolut nichts deutet auf ein sich anbahnendes Chaos hin. Die Wirtschaft lief durchaus zufriedenstellend. Hunger und Seuchen schienen nahezu unbekannt zu sein. Zudem bekannten sich Staat und Bürger zu den Grundsätzen von Menschlichkeit und Gewaltlosigkeit. (Von der hohen Waffenproduktion sehen wir einmal ab, da diese lediglich dem Schutz und der Verteidigung diente.)

In keiner der hier vorgestellten oder sonst noch entdeckten Quellen findet sich also der geringste Hinweis auf einen bevorstehenden Untergang. Überhaupt muß es ein Rätsel bleiben, wie ein intellektuell so hochstehendes Volk wie das von Nous sich selbst vernichten konnte. Man ist fast geneigt anzunehmen, daß in diesen Menschen neben dem hohen Intellekt noch eine andere, unbekannte und unsichtbare Kraft schlummerte, die sie in den Untergang trieb.

Doch allein an diesem Gedanken sieht man, wie leicht man sich hier in

Spekulationen verliert. Dies liegt eben daran, daß wie durch ein Wunder über die tatsächlichen Gründe der Selbstzerstörung von Nous bisher nicht auch nur die geringsten Anhaltspunkte zum Vorschein gekommen sind. Dieser Umstand fordert das Zustandekommen manchmal sogar geradezu phantastischer Hypothesen natürlich regelrecht heraus. Hier bietet sich uns Forschern noch ein sehr breites Betätigungsfeld.

Trotz dieser offenen Fragen schmeicheln wir uns dennoch, auch schon jetzt dem interessierten Leser einen weitgehenden Einblick in den Staat Nous ermöglicht zu haben. Weitere Publikationen werden gewiß folgen. Wir bedanken uns herzlich für Ihre Anteilnahme und freuen uns auf Ihre Zuschriften.

Heinrich von Hohenfels

FINES